越境する宗教

モンゴルの福音派

ポスト社会主義モンゴルにおける宗教復興と福音派キリスト教の台頭

滝澤克彦 著

新泉社

カバー表写真
バヤンズルフ新約バプテスト教会にて
（2014年8月31日撮影）

カバー裏写真
ウランバートルの高台に建つ福音派教会
（2004年10月17日撮影）

本扉写真
草原に暮らす福音派信徒の女性
「私たち遊牧民は，いつも被造物である自然のそばにいるので，
より近く神を感じることができる」
（2014年8月28日撮影）

はじめに

冷戦の終結は東アジアの構図を大きく塗り替えてきた。一九二〇年代から一九九〇年に至る七〇年近くにわたってソビエトの強い影響下にあり、社会主義体制をとってきたモンゴル人民共和国（一九九二年以降はモンゴル国、以下「モンゴル」と略記）は、一九八九年末に始まった「民主化」と呼ばれる一連のプロセスによって、にわかに世界全体へと投げ出された。それまでモンゴルが置かれていた状況を考慮するなら、民主化以降のモンゴルは、外界との接触の急速な拡大のなかで常に激しく変化し続けてきたのであり、そのプロセスはきわめて複雑であった。

日本でモンゴルと言えば、大草原で移動式の住居であるゲルに暮らし、馬に乗って羊を追う遊牧民のイメージしか浮かばない人は、いまだ少なくないだろう。しかし、例えば、現在ではゲルに暮らす遊牧民であっても携帯電話をもっているのは当たり前で、ほとんどのゲルにはソーラーパネルとパラボラアンテナが据えられテレビを見られることや、ときには家畜を追うのにバイクが使われることなどを知る人は多くはないだろう。また、三〇〇万弱の総人口のうちの約半数が暮らす首都ウランバートルは、世界でもっとも大気汚染がひどい都市の一つであり、その郊外にゲルをもち込んで定住する人々の住宅地が広がっていることも、ステレオタイプなモンゴルのイメージからはとても想像できない。このような伝統的なイメージと「現代」の混在は、見る人を困惑させるかもしれない。現前するものが過去から現在に至るまでの痕跡の堆積物であるのは当然のことであるが、この二〇年の変化の激しさがその混在を際立たせ、困惑を引き起こさせることは確かだろう。

現代モンゴルにおける宗教状況は、そのような複雑な変化のプロセスの一端を示している。社会主義時代、宗教はマルクス主義のもとで厳しく制限されていたが、民主化はモンゴルに宗教の自由化をもたらした。モンゴル国立科学アカデミーが社会主義体制崩壊の前後にかけて行った社会調査によれば、一九八〇年代中頃に行った調査では八〇パーセントが宗教を信じていないと答えていたのに対し、一九九四年の調査では七一パーセントが、自身が何らかの程度で宗教を信じていると答えている[Tsedendamba 2003:12–13]。このデータは、一つには、実態というよりも、人々が自らの信仰を自由に表現できるようになったことを表している。しかし一方で、社会主義時代にもそれ以前にも存在しなかったような新たな傾向が見られるようになってきた。

二〇一〇年一月一日、モンゴル・ポップス界の人気歌手セルチマーと中国内モンゴル自治区のモンゴル人実業家バヤルの結婚式が北京で催された。有名人同士の電撃的な結婚は世間を賑わしたが、それがキリスト教の様式で行われたこともこの式の一つの特徴だった。これは、新婦のセルチマーがキリスト教徒だったことによる。ウランバートルのウールディーン・ゲゲー教会牧師オドゲレルが司式を務め、モンゴル福音同盟書記長のドゥゲルマーが祝いの詩(ユルール)を贈った。国境を跨いだ著名なモンゴル人同士の婚姻は民族的に象徴的なものとなったが(新郎のバヤルは『アップタウン』誌のインタビューに、「中国人ではなくモンゴル人と結婚することしか考えていなかった」と答えている)、それがキリスト教によって結ばれたことは別の意味で象徴的である。『アップタウン』誌のインタビューに答えて、ドゥゲルマー牧師は、この式が同時に「伝統的な規範とキリスト教文化との婚姻となった」ことを讃えた(『アップタウン』誌、二〇一〇年一月号)。この「伝統とキリスト教の婚姻」は、現代モンゴルの宗教状況の一端を表している。

先述のデータに示されるような「宗教の復興」は、主に社会主義時代も密かに人々によって維持されてきた仏教の復活を表していた。しかし、一九九〇年以降の宗教状況の展開は、それだけにとどまらなかった。既存の宗教の復興以外でもっとも顕著な出来事が、まさにキリスト教の台頭だった。キリスト教のなかでもプロテスタント系の福音派は、最大の勢力である。現在、モンゴルには八万から九万人の福音派信徒がいると考えられているが、それは人口の約三パーセントにあたる。外国の宗教が完全に締め出されていた社会主義時代には、キリスト教信徒数がほとんどゼロであったことを考えると、この二〇年あまりの伸張には目を見張るものがある。信教の自由を獲得した人々の一部は、なぜ「伝統的」な仏教ではなく別の宗教へ向かっていったのだろうか。体制移行期の混乱にともなう一時的な現象なのか、それとも、社会主義の歴史的影響なのか、あるいは、よりグローバルなキリスト教の動きと連動しているのか。

本書では、この現象を現代世界における「宗教の越境」の一つとして捉える。「宗教の越境」といっても、後述するようにそれはきわめて複雑な諸過程の複合であり、それを可能としている諸条件を、モンゴルの現状と歴史から、丁寧に解きほぐしていく作業が本書の大部分を占めることになるだろう。

キリスト教の流行という事実は、少なくとも社会主義体制の崩壊という歴史的出来事を前提としながら、それによって世界全体へと結びつけられ急激に変容してきた現代モンゴルの姿を反映している。しかし、一方でそれは、流動性が増す現代世界のなかで「宗教」が国境や民族や言語を越えながら激しく移動し、常に新たにつながりや境界を生み出し続けるプロセスの一端でもある。そのような意味で、「宗教の越境」としてのモンゴルにおけるキリスト教の流行現象は、冷戦後の国際社会における宗教状況の一端を表すものとしてより広い視野において捉えることができ、その分析は現代社会の宗教を捉えるための理論的枠組みに対しても新たな視座を提供することになるだろう。

越境する宗教　モンゴルの福音派

――ポスト社会主義モンゴルにおける宗教復興と福音派キリスト教の台頭

目次

第二章 「民族」をどう越えるか

第三章

「宗教」をどう越えるか

第四章

越えて結ばれるもの

ブックデザイン：藤田美咲

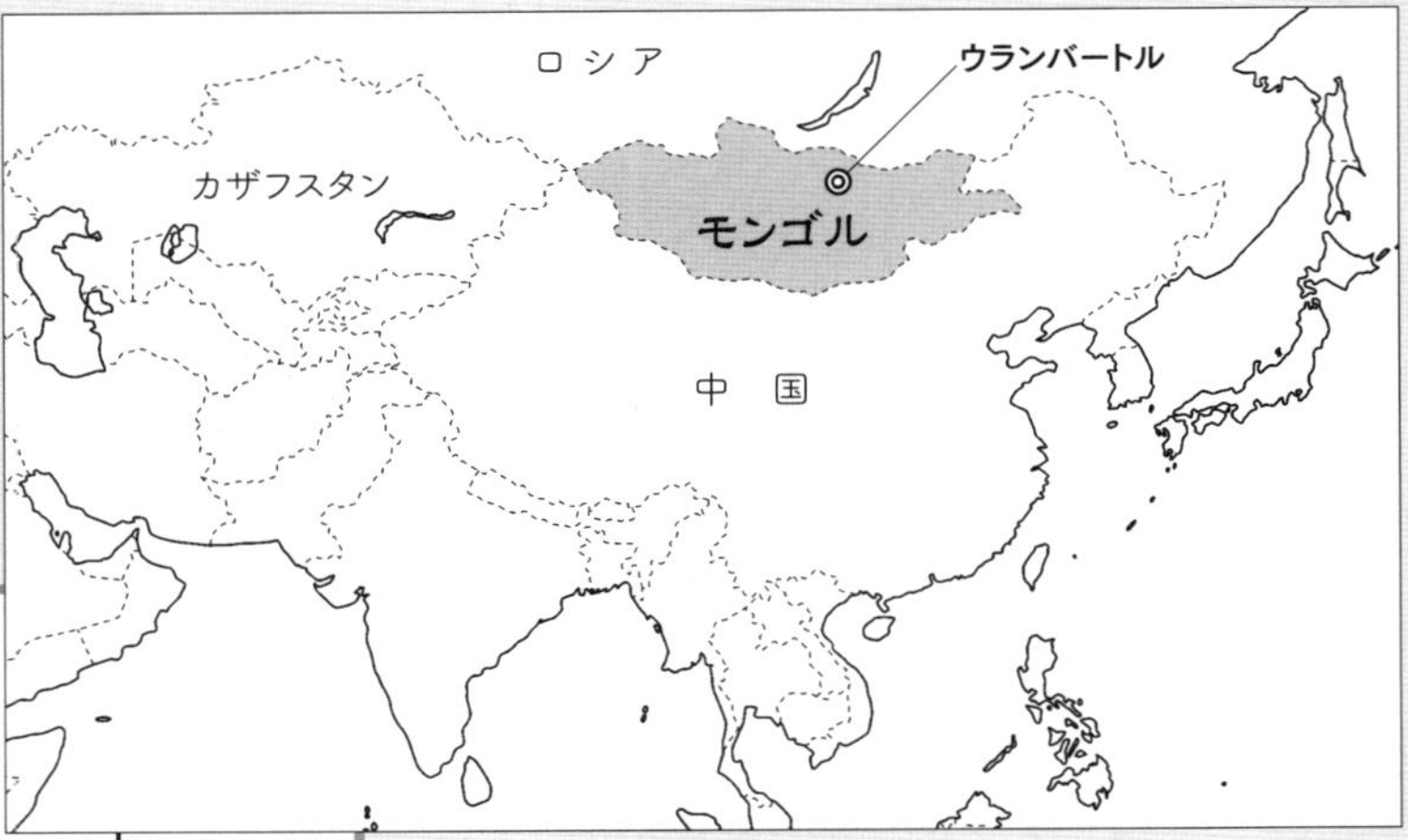

モンゴル国（Mongolia）

首都：ウランバートル ➤人口137万人（2013年）*1

政体：共和制 ➤大統領制と議院内閣制の併用

大統領：Ts・エルベグドルジ（2014年12月1日現在）

人口：293万人（2013年）*1 ➤茨城県の人口とほぼ同じ

面積：1,564,116㎢ ➤日本の約4倍

人口密度：1.87人/㎢

通貨：トゥグルグ
➤1円＝約15.9トゥグルグ（モンゴル銀行2014年12月1日現在）*2

民族：モンゴル人96%，カザフ人4%，その他*3

宗教：仏教53.0%，キリスト教2.2%，イスラーム3.0%，シャマニズム2.9% ➤割合は15歳以上総人口に対して*3

言語：モンゴル語（公用語），カザフ語

GDP：約115億USドル
➤1人あたり4,056USドル（2013年）*3

家畜数：4,514万頭*1

気温：年平均0.1℃，1月平均−21.5℃，7月平均18.3℃
（ウランバートル）*1

降水量：269.2㎜（ウランバートル）*1

＊1　モンゴル国立統計局『統計年鑑2013』より［MUÜSKh 2014］.
＊2　モンゴル銀行ウェブサイトより（http://www.mongolbank.mn/dblistofficialdailyrate.aspx?vYear=2013&vMonth=12&vDay=31）.
＊3　モンゴル国立統計局『国勢調査2010』より［MUÜSKh 2011］.
＊4　世界銀行ウェブサイトより（http://data.worldbank.org/country/mongolia）.

凡例

・モンゴル語キリル文字のローマナイズは、モンゴル国政府の定めるMNS 5217:2012（国家標準化委員会二〇一二年二月一六日第二決議、分類コード01.140.10）にもとづく。

・欧文の引用文献に邦訳がある場合には、巻末「参考文献」に示した。ただし、引用部分については、かならずしも訳書に従ってはいない。

・引用文中の〔　〕内は、筆者による註釈である。

第一章

福音派の越境をどう捉えるか

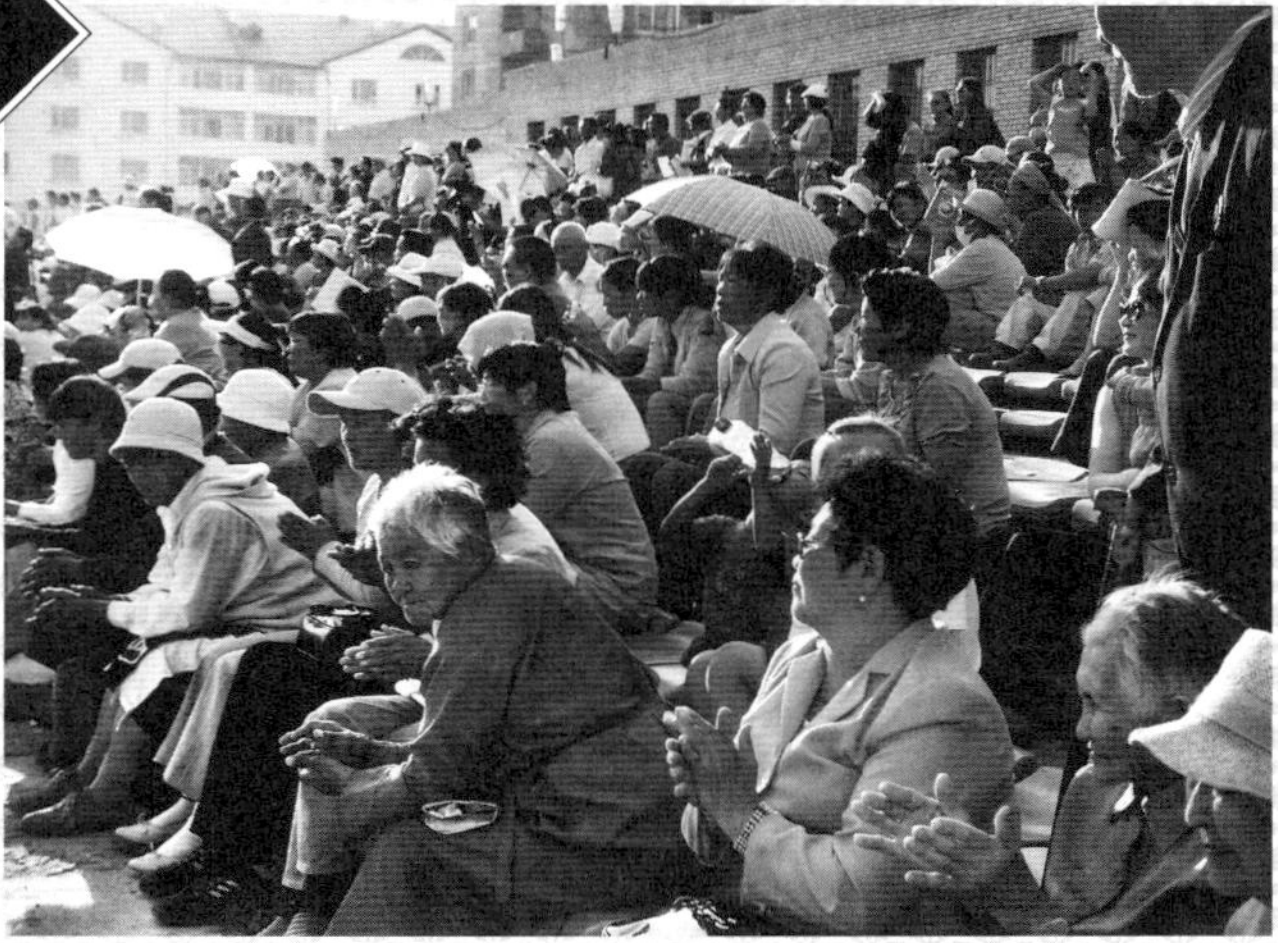

福音派のイベントで祈りを捧げる人々

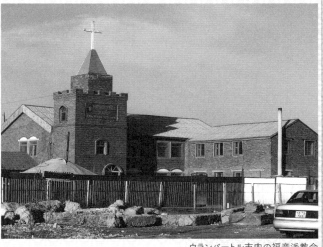

ウランバートル市内の福音派教会

第一節

モンゴルの民主化とキリスト教

❊仏教と社会主義

モンゴルは一般にチベットから伝わった仏教の国であると捉えられているが、民間に至るまで仏教が信じられるようになったのはそれほど古いことではない。チンギス・ハーンの登場により歴史上に姿を現したモンゴル人は、シャマニズムとも自然崇拝とも捉えられるような信仰をもっていた。しかし、一三世紀には、ウイグル人の影響を強く受けながら仏教受容の下地を固めていく。特に、元朝になると世祖フビライ・ハーンがチベット仏教サキャ派の高僧パクパを国師として迎え、仏教を手厚く保護したため、元朝はサキャ派との関係を深めることになった。しかし、この時代のモンゴルにおける仏教の受容は、あくまで王朝によるものであり、元朝が一四世紀半ばにモンゴル高原へ退くと仏教の影響力も衰えた。

モンゴルにおいて現在まで影響力をもつチベット系の仏教が広まるきっかけになったのは、一五七八年、仏教に関心を示し始めていたモンゴルのアルタン・ハーンが、チベット・ゲルク派の高僧ソナム・ギャムツォと行った会見である。仏教に帰依したアルタン・ハーンは、ソナム・ギャムツォに「ダライ・ラマ」の称号を与えた。それ以降、仏教はそれまでにないほどの勢いでモンゴルに浸透していったのである。さらに、チンギス・ハーンの家系に属するザナバザルは、一六五〇年にチベットでパンチェン・ラマの弟子となり、そこでジェブツンダンバ・ホトクト（活仏）の称号を賜った。彼は、外モンゴルにおける最初にしてもっとも重要な活仏となった。その歴代転生者は、モンゴルの仏教文化に対してのみならず、清朝から社会主義国家建設に至るまでの激動の政治史においてもきわめて重要な役割を演じることになる。特に、ジェブツンダンバ一世が、一六九一年にオイラト・ジュンガル部の攻撃を受けた際、康熙帝《こうきてい》に庇護を求めたことを契機として、ハルハ・モンゴルは清朝の支配下に入ることとなった。それ以降、清朝の威勢のもとモンゴルにおいてゲルク派が圧倒的優位にたつことになる。

なお、現在のモンゴル国の首都ウランバートルはかつてイフ・フレーと呼ばれていたが、それは歴代ジェブツンダンバ・ホトクトの移動式寺院を指していた。一七七八年、イフ・フレーはいまの地に定着し、そこに一八三八年に建てられたのが現在モンゴル仏教の総本山とされるガンダンテグチェンリン寺（一般に「ガンダン寺」と呼ばれるため、本書でも以降「ガンダン寺」と略記する）である。

この時代、仏教の影響力は民間にも及び、旧来のシャマニズムに対しては強引な排斥も試みられたが、実質的には、天崇拝や自然崇拝へのラマの関与など土着信仰を取り込むことによってより深く浸透することとなった。

清朝の支配下にあった外モンゴルは、辛亥革命にともなう混乱のなかで、一九一一年一二月、臨時政府を樹立して清朝からの独立を宣言する。そのとき、帝位に就いたのがチベット人のジェブツンダンバ・ホトクト八世であった。彼は、モンゴル人ではないにもかかわらず、人々は独立に際して彼を聖俗両界の最高指導者とした。一方、モンゴルの独立は、その後も中国の軍閥やロシア白軍によって脅かされ続ける。一部のモンゴル人は、軍事的援助をあてにソビエト・ロシアに接近し、その援助を取りつけてモンゴル人民党を結成するとついには首都を解放し、一九二一年七月にモンゴル人民中央政府を樹立する。そのとき、ジェブツンダンバ・ホトクトはふたたび君主に推戴された。

ソビエトの援助を仰いだものの、モンゴル人民党は当初から社会主義路線を進もうとしていたわけではなかった。しかし、モンゴル独立の背後にあったソビエトは次第に影響力を強め、社会主義とそれにともなう無神論のイデオロギーを表面化していくことになる。国家君主としてのホトクトの推戴は、宗教政治の性格を強く残すものであったため、社会主義の理念と相容れるものではなかった。一九二四年にホトクトが死去すると、政府は、第八代をもってジェブツンダンバ・ホトクトの転生が終わることを宣言する。以降モンゴルは、モンゴル人民共和国として君主制から共和制へ移行し、社会主義と無神論の道を歩んでいくことになる。

スターリンの指導下で一九三七年に始められた大粛清は、もっとも直接的で強硬な手段であった。それによって、八〇〇ほどあったとされる寺院のすべてが一九四〇年までに破壊あるいは閉鎖され、一万七〇〇〇人以上の僧侶が処刑、それ以外の僧侶はほとんど還俗させられたのである。おそらく、社会主義諸国のなかでも、モンゴル人民共和国ほど徹底的に宗教が排除されたところはないと言ってよい。それには、少なからず地政学的要因も関係している。つまり、仏教を通じてモンゴルのラマたちが日本のファシズムに関与しているという嫌疑が、その排除を積極的に正当化したからである。人口わずか七〇万あまりだったモンゴルにおいて、ソビエトは、それほどの困難なく仏教寺院を壊滅させることができた。その後、一九四四年、閉鎖されていたウランバートルのガンダン寺が辛うじて再建されるも、[1] それ以外の公的空間で「宗教」と見なされた活動は大きく制限されるようになった。

以降、一九九〇年に至るまでの社会主義時代は、公的には宗教が厳しい統制を受けていた。しかし、宗教は寺院がなくともさまざまなかたちで存在しえた。また、唯一残されたガンダン寺の果たした役割も非常に大きい。社会主義体制下における、宗教のさまざまなあり方については、特に第三章で触れる。

✼民主化と宗教の自由化

第二章第一節でも詳述するように、一九八九年の年末に始まったデモをきっかけにモンゴルの民主化は急速に展開した。一九九〇年三月九日には人民革命党中央委政治局員が総辞職し、三月二三日の憲法改正によって人民革命党の一党独裁体制が崩壊した。

民主化のかなり早い段階である一九九〇年二月二二日に、人民大会議は三つの宗教施設において宗教活動の再開を決定する。それによってモンゴルに宗教の自由化がもたらされた。その後、ガンダン寺と並びモンゴル仏教における二大勢力になるダシチョイリン寺院（一九九〇年）、ニンマ派のデチン・チョイホルリン寺院（一九九〇年）、医学寺院であるマンバ・ダツァン寺院（一九九一年）、尼寺のナルハジッド寺院などが次々と建設される。これらは、社会主義時代にガンダン寺に併設されていた宗教大学出身の僧侶を中心に復興されてきた［棚瀬 二〇〇〇：二二］。一九三〇年代の大粛清以前に僧侶であった人でも、現在残っているのは当時せいぜい二〇代くらいだった人々であり、僧侶としての経験や知識をそれほど備えているわけではない。そのため、寺院の復興にガンダン寺が果たした役割は大きい。その後も、中小の寺院が雨後の筍のように建設され、仏教界はにわかに活気づく。国立統計局の資料によると、仏教寺院数は一九九二年末時点ですでに九三に達し、二〇〇五年には一五六となる(2)［NSOM 2009:348］。仏教界は、国外との関係において、チベットのダラムサラ亡命政府やインドとの関係を重視し、多くの教師をモンゴルに招くと同時に、若い僧侶を留学生として積極的に送り込んでいる。また、ダライ・ラマは、中国の外交的な牽制にもかかわらず、民主化以降六度モンゴルを訪れ、そのつど人々に熱狂的に迎えられてきた。

仏教の指導者たちはまた、自らをモンゴル民族の精神的支柱と位置づけ、それを積極的に表明してきた。その結果、一九九三年一一月に成立した「モンゴル国国家と寺院の関係についての法」（宗教法）において、「民衆の和合、文化的・歴史的伝統を尊重する観点から、モンゴル国における仏教の優先的地位を尊重する」という文言を盛り込ませることに成功する。それによって、仏教はモンゴルにおける、いわば半国教的な地位を獲得するのである。

国内外の教団的展開の一方で、一般信者とのつながりの強化が仏教界の大きな課題となっている。一部の仏教系機関がセミナーなどを通じて信者の教化に尽力しているとはいえ、寺院と信者の関係はいまだ個人的な祈願や祭祀が中心となっている。その背景として、社会主義時代に秘かに維持されてきた家庭内の祭祀が、その間に自律的傾向を強め、寺院や僧侶との全体的な関わりをそれほど必要としなくなっていたことがある。例えば、鈴木岩弓とS・ツェデンダンバによる社会調査によれば、献茶や焼香、献灯を行っている人の割合は八割から九割に達しているにもかかわらず、仏教寺院に月一回以上通っている人の割合はわずか二七パーセントにとどまっている。これはキリスト教徒の八四パーセントが教会に通っているのと対照的である。(3)

シャマニズムもまた、既存の宗教として社会主義体制崩壊後に復興を果たしてきた。仏教が社会主義時代でも何らかのかたちで多くの人々に維持されてきていたのに対して、シャマニズムは反宗教政策により甚大なダメージを受けた。特に、その信奉者たちがダルハドやブリヤートという周縁部の人々であったことも、迫害を熾烈化させた原因である。しかし、社会主義体制崩壊後、シャマンの数は爆発的に増えており、活動を活発化させている。(4)

既存の仏教やシャマニズムに加えて、社会主義体制崩壊後の宗教の競合に参入してきたのが外国から入ってきた新たな諸宗教である。仏教は依然として確固たるマジョリティの地位を維持しているものの、これら新たな宗教の伸張は目覚ましい。外来宗教のなかでもっとも信者数が多いのは福音派のキリスト教であり、次に末日聖徒イエス・キリスト教会(モルモン教)やイスラーム起源の新宗教であるバハイ教などが続く。他には、セブンスデー・アドベンチスト教会や統一教会、エホバの証人などキリスト教系新宗教、カトリック、そして、アナンダマルガやアートオブリビングなどインド系諸宗教が信者を集めている。(5) 社会主義時代には、反宗教政策によって外国の宗教が侵入する余地はまったくなかったことを考慮すると、現在のような外国宗教の競合状況は民主化以降、急速に進展してきたものである。

❊福音派の登場と展開

外国宗教のなかで、教勢の点でも社会的影響力の点でも最大のものが、福音派のキリスト教である。「福音派」(evangelical)とは一般に原理主義的傾向の強いプロテスタント諸教会の総称と捉えられている。しかし、「福音派」という言葉が指すものは地域や時代によって異なるため、厳密に定義することは難しい。現在の「福音派」を自称する人々の起源はアメリカにあるが、そのアメリカにおいてさえ、「福音派」を自称してきた人々の立場や主張は時代によって大きく変化してきている。アメリカ以外の国を含めようとすれば、さらに複雑になる。アメリカにおける「福音派」の歴史を詳細にまとめた青木保憲によれば、福音派の独特な価値観として「聖書の権威が守られ、その正統性が保証されることを第一に願う姿勢」があり、彼らは「聖書が語る世界観と現実社会を整合性の取れたものとして理解しようとする」とその特徴を指摘する[青木 二〇一二:四七五]。また、より具体的には、キリストの死の贖罪効果、聖書無謬主義(進化論の否定、処女マリア懐胎の肯定など)、「二度生まれ」体験や福音の社会的拡大に対する強い関心などの特徴があげられる[堀内二〇〇六:五〇]。また、キリスト教全体の和解や一致、キリスト教以外の宗教との対話などを促進する「エキュメニカル」の動きを拒否する。そのため、信仰的に排他的であり、外部からは原理主義的(fundamental)と見られることが多い。

「福音派」の対概念とされるのが「リベラル派」であるが、いずれも広義の概念であり、それぞれに合致する組織的な実体があるわけではない(6)。両者には、さまざまな教派や単立教会が含まれるが、一つの教派内で「福音派」と「リベラル派」が分かれている場合もある。

本書で「キリスト教」を対象としながらも、扱っている事例が「福音派」に限定されているのは、キリスト教系新宗教を除けば、現在のモンゴルで活動しているプロテスタント教会のすべてが福音派だからである(7)。そこには多くの教派が含まれるが、それらは当該教会の設立や運営に関わる外国の宣教師が属する教派を名乗っていることが多い。また、福音派以外のプロテスタント教会が存在しないため、モンゴルでは「リベラル派」に対する「福音派」の対比はない。そのため、一般信徒のあいだに「福音派」という自己認識は薄い。彼らが「福音派」を強調するのは、モルモン教やセブンスデー・アドベンチスト、カトリックなどと対比する場合である。

それゆえ、本書で「福音派」と呼ぶときの目線は主に外的なものである。ここでは、それらの教会が、国外の福音派教会や福音派宣教団体の影響で設立されていること、聖書無謬主義など福音派の特徴を備えていること、多くの教会が世界福音同盟(World Evangelical Alliance)の会員であるモンゴル福音同盟(Mongolia Evangelical Alliance)に所属していること、などからそれを「福音派」キリスト教として扱う。また、文中で彼らの教会を指すときに「福音派」と「キリスト教」の両者を用いるが、特に人々の目線に近づいて記述する場合には「キリスト教」の表現を用いている。

一般に、ポスト社会主義モンゴルのキリスト教の歴史は、J・ギベンスという一人のイギリス人が設立した教会に始まると語られている。モンゴル宣教を思い立ったギベンスは、一九七二年からモンゴルに留学してモンゴル語を習得し、聖書のモンゴル語訳に取りかかる。彼は、一九八〇年に帰国したのち、一九八七年にふたたびモンゴルを訪れ、一九八九年には『新約』の翻訳を完遂する。その『新約』は、一九九〇年八月、香港で聖書協会連合(United Bible Society)により出版される。彼は自ら訳した『新約』を手に、民主化によって宗教の自由化が実現したモンゴルにおいて宣教を開始する。そして、同年の一〇月七日、ついにモンゴル最初の教会「キリスト教会」を設立する。一方で、ギベンスとは別の宣教師たちによっても宣教は進められており、例えばR・レザーウッドは一九九〇年の六月にはすでに二人のモンゴル人に洗礼を施している[Leatherwood 1998]。

初期の宣教は、わずかな数の教会を中心に進められた。一九九一年一二月には、キリスト教会から離脱してムンヒーン・ゲレル教会が設立されると、この二つの教会は民主化後の初期の福音派における二大勢力になっていく。両者は聖書翻訳における「神」の訳語に対する意見の相違などから対立していくことになるが、この点については第二章で詳述する。

一方で、キリスト教など外国宗教が社会的に認知され始めると、それを危険視する人々がその統制の必要性を訴えるようになる。特に、一九九三年末に施行された宗教法は、キリスト教など外国宗教の統制を視野に入れたものであった。それに対して、キリスト教会側でも超教会、超教派的な連帯が模索されるようになっていった。一九九三年には福音派の組織としてJCS(Joint Christian Services)International が設立され、キリスト教内外の機関と連携しながらさまざまな援助福祉活動を展開するようになる。また、同年にアメリカのサウスダコタでは、モンゴル宣教のための機関AMONGが設立された。AMONGは一九九五年にモンゴル最初の民放となるイーグルTVを開局し、一一月から放送を開始する。(8) イーグルTVは、一九九六年六月三〇日に行われたモンゴル国家大会議総選挙に際して重要な役割を果たす。というのも、人民革命党政権に対抗する民主連合側を応援し、選挙キャンペーンを展開させるが［クリスチャン新聞 一九九六年一〇月六日］、その結果、民主連合が七六議席中五〇議席を獲得して圧勝し、七〇年以上にわたって維持した人民革命党から政権を初めて奪取することになったからである。

宣教活動が次第に組織化する一九九三年から一九九五年にかけて、福音派の成長は最初のピークを迎え、さらにイーグルTVの開局や選挙などを通じて「キリスト教」は強く世間に認知されるようになった。それにつれ、「キリスト教」に対する定型的な批判的言説やステレオタイプが生み出されてきた。特に、彼らの行う援助活動に非難が向けられ、「ものをばらまいて人心を惑わしており、本当の信仰ではない」という語りが流布してきた。また、一九九五年には、信徒の若者たちが「キリストに会いに行く」と言って自殺を図る事件が起こり、それに対する流言がキリスト教に対する警戒心を煽ることになった。[9]

福音派信徒数は、一九九六年から一九九八年のあいだには一万人に達したと考えられている。[10] 急速な浸透のなかでモンゴル人指導者の養成が問題となってきたが、一九九五年九月に連合聖書学校(Union Bible Training Center のちに Union Bible Theological College)がウランバートルに設立されると、教義面で超教会的な影響力を発揮するようになる。信徒数の拡大と超教会的連帯の一つの到達点が、一九九七年一一月一二日に組織されたモンゴル福音同盟である。それは、諸教会に対する管理的な権限をもたない連絡会議ではあるが、大規模なイベントや合同礼拝の開催、機関紙の発行などによって、ある程度の影響力を発揮している。特に、宣教師からの自立を意識したモンゴル人だけによる機関であるため、モンゴル人の主導権や彼らの民族主義にとって重要な意義をもってきた。

以上のような多様かつ複雑な内部の連携とは対照的に、福音派は外部に対してはきわめて閉鎖的である。バハイ教や仏教が中心となり、イスラームやカトリック教会などを含めて結成された宗教間連盟などによって、宗教間の対話を促進しようとする動きがあるが、福音派はそのような対話にも参加していない。こうした閉鎖性は、福音派の実態に関する外部への情報をきわめて制限・歪曲し、偏見やステレオタイプの形成を促してきた。

モンゴル国内外の研究者もキリスト教に強い関心を寄せているが、彼らの活動に寄りそい、その信仰をつぶさに見ながら、現在のモンゴル社会の一端を示すものとして重視しようとする研究はほとんど存在しない。J・ブライスの博士論文『ポスト社会主義モンゴルにおける福音派キリスト教――ある出会いのエスノグラフィ』(*Evangelical Christianity in Post-Socialist Mongolia: An Ethnography of an Encounter*)[Blythe 2000]は、このテーマに関する数少ない詳細かつ貴重な研究報告である。そこでは、援助と信仰の深い関係、「キリスト教は宗教ではない」という言説、モンゴル人信徒の民族主義的傾向、聖書の訳語をめぐる論争、福音派教会の集団主義など、本書でも扱われる諸特徴が指摘されている。一方で、その分析の視座は、本書のものと大きく異なる点も少なくないが、それは、福音派がいまだ初期的な成長段階にあった一九九〇年代を対象としたのに対して、本書は福音派がすでに安定的な地位を確立した二〇〇〇年代を主な対象としていることとも関係している。本書の各所では、ブライスの指摘をとりあげながら立場の違いを比較していくことになるだろう。

ブライスの研究を除けば、モンゴルの福音派教会に関する研究はきわめて限られており、断片的な報告[Narantuya 2008]や、宣教師や信徒がまとめた概略史や回想録[Kemp 2000; Leatherwood 2006]が散見されるのみである。シンポジウムなどにおける多くの報告も、信徒と非信徒の認識の差を浮き彫りにするだけで、結局「キリスト教」が良い宗教かどうか、社会的に有益か有害かという議論に終始することが多く、流行そのものに関しては社会主義体制崩壊後の経済的・社会的混乱にともなう一時的現象として軽視する傾向が強い。

しかし、そのような大方の見方に反して、二〇〇〇年以降も福音派は信徒数も教会数も増やし続けてきた。モンゴル福音同盟の機関紙であるウールチルルト紙の二〇〇五年七月号によると、二〇〇三年と二〇〇四年に行われた地方における宣教キャンペーンの結果、教会数が三〇〇、信徒数は四万五〇〇〇に達したと言う。その後も、福音派は教勢を伸ばし続け、二〇一四年現在、教会数六〇〇以上、信徒数も八万から九万人に達しているとみられている。[11] もはや「一時的」と見なすことが難しくなったこの現象を、どのような視角でどのように読み解いていくべきか。それが問題となっている。

第二節 ポスト社会主義をどう定位するか

❈ポスト社会主義における「宗教の復興」

現代モンゴルの宗教問題を論じるにあたって、無視することができないもっとも重要な要素は、モンゴルという国がおかれた「ポスト社会主義」という状況である。当然ながら、七〇年近くにわたる社会主義体制下の反宗教政策が、宗教とそれに関連する社会的諸要素にきわめて大きな影響を及ぼしてきたことは想像に難くない。モンゴルに限らず、冷戦の終結以降、「ポスト社会主義における宗教」は研究者たちの強い関心を集めてきた。一九九〇年以降に行われた大規模な国際

表1-1　ポスト社会主義諸国を含む主な国際的社会調査とそれにもとづく論文

実施年	プログラム	論文
1991	International Social Survey Program: Religion	Greeley 1994, Gautier 1997, Froese 2001
1990–1993	World Values Survey	Kääriäinen 1999, Froese 2001
1993–1994	Emerging Forms of Political Representation and Participation in Eastern Europe 1993–1994	Need & Evans 2001
1995–1997	World Values Survey	Kääriäinen 1999
1998	International Social Survey Program: Religion II	Pollack 2003
1999–2002	World Values Survey and Europe Values Survey	Zrinščak 2004
2000	Political Culture in Central and Eastern Europe	Pollack 2003

的社会調査（表1-1）や各国の社会調査[12]は、旧社会主義諸国の「宗教の復興」の様子を具体的な数値によって明らかにしてきた。

ポスト社会主義における「宗教の復興」を目に見えるかたちでもっとも早く示したのは、一九九一年に行われた国際社会調査プログラム（International Social Survey Program）宗教調査（以下「ＩＳＳＰ宗教調査」と略記）である。本プログラムのアメリカにおける執行機関、国立世論調査センター（National Opinion Research Center）の客員研究員であったＡ・グリーリーは調査結果にもとづき、「社会主義の七〇年にもかかわらず、神は生きており健在で、モスクワだけではなくすべてのロシアで息づいている」［Greeley 1994:255］と結論づける。特に若い年齢層で無神論から信者への転向傾向があることを根拠に、復興傾向は決して社会主義体制崩壊後の一時的なものではないと断定している［Greeley 1994:260–261］。

このような「宗教の復興」は、冷戦期に強い影響力をもった「世俗化論」に対するアンチテーゼとなり、強い衝撃をもって宗教社会学者たちに受けとめられた。グリーリーは、宗教に対する社会主義の試みを世俗化論と結びつけながら、次のように述べている。

> 人類の歴史のなかで、ただある一つの宗教ではなく、宗教の痕跡そのものを根絶やしにしようとした一枚岩のこのような努力は、存在したことはなかった。〔中略〕無神論的共産主義は、それ自身を、地球の表面上から宗教が無くなっていくような世俗化の不可避的な過程を促進するものである、と考えていた。その過程とは、おそらく、より穏やかな形式で、教条主義的な社会科学者たちの信仰箇条となっていたものである。
> [Greeley 1994:253]

このようなグリーリーの指摘では、人間の本質的特性として「宗教」を措定する彼の宗教観を背景に、「共産主義」と「世俗化」論が同列に批判されている。彼にとっては、ポスト社会主義における「共産主義」の試みの失敗は、まさに「世俗化論」を反証する実例となったのである。

一方で、「宗教の復興」を説明するために、西側諸国を対象に練り上げられてきたさまざまな宗教社会学理論がポスト社会主義国に対して適用されてきた。例えば、P・フローズは、「ソビエト共産主義の崩壊は、ほとんどの東欧とソビエトの後継諸国に広範な宗教の復興をもたらしてきたが、この宗教活動の思いがけない変化は、宗教的変化に関するサプライ＝サイド理論のさらなる検証の理想形として現れた」[Froese 2001:251]と述べている。サプライ＝サイド理論とは、R・スタークとL・イアナコーンによって提唱された宗教社会学理論であり、自由主義的な市場原理を宗教活動に当てはめたものである。例えば、彼らは個人の宗教活動の活性度と、それをとりまく宗教的環境について、「宗教市場が競合的・多元的なほど、宗教への参与は全般的に高くなる。逆に、国家的に支配された団体による宗教市場の独占は、参与の全体的レベルを下げる」[Stark & Iannaccone 1994:233]と説明している。

フローズは、ハンガリーの事例をサプライ＝サイド理論によって説明しようとする。ハンガリーでは、一九七〇年代後半から始まる教会に対する規制の緩和と、一九九〇年前後の東欧の社会変化の影響を受け、人々の「宗教性」(religiosity)が次第に高まってきていると言う。その背景には、教会間の競争激化、つまり、教会が非信者の宗教的要求に訴えかける競合的な働きかけの高まりがあると解釈されている[Froese 2001:258–259]。一方で、彼は、社会主義を「独占的宗教」(monopoly religion)と捉え[13]、その状況下で教会間の自由な競争が制限されていたことを指摘している[Froese 2004:36–37]。

しかし、以上のような「宗教の復興」という視座は、基本的に既存の宗教の再興という枠組みで捉えられており、既存の宗教以外の流行そのもの、あるいは既存の宗教と新たな宗教の関係性や差異を説明することは難しい。統計調査にもとづく「宗教の復興」は、「教会への所属」や「教会活動への参加」をその直接的な指標としているためであり、自ずと分析に限界がある。

✲道徳的／精神的「真空状態」

それに対して、D・ポラックは、中東欧の一一か国を対象に行われた国際的社会調査をもとに、「教会外的宗教性」(religiousness outside the church)の高まりを指摘している。彼は、これまでの研究の多くがキリスト教的宗教性しか扱ってこなかったことを批判しつつ、その他の宗教性、具体的には占星術、信仰治療、生まれ変わり、禅、ヨーガ、魔術、スピリチュアリズム、オカルティズム、神秘主義、ニュー・エイジ、カルトなどについて分析を試みる[Pollack 2003:322]。その結果、キリスト教的な宗教性については顕著な復興がみられなくても、教会外的なさまざまな宗教性については、中東欧においてはっきりと西欧よりも強い流行の兆しが見られることを指摘する[Pollack 2003:324]。

同様にI・ボロウィクも、教会とは別の方向への「復興」を次のように表現している。「東欧諸国における「宗教復興の本質、そして正統性や正教会への『復帰』の意義は、明らかではない。なぜなら、ロシア、ウクライナ、ベラルーシにおける宗教性は、同時にニュー・エイジの霊性をも内包しているからである。一方で、教会への参与は、もっとも世俗化した西欧社会と比べても同じくらい低いレベルにある」[Borowik 2002:497]。

このような現象がポスト社会主義に特有のものであるなら、その特異性は「ポスト社会主義」を規定するためのきわめて意義深い対象となるだろう。例えば福田誠司は、教育問題と関連づけてポスト社会主義に特徴的な「宗教意識」について論じている。

一九八〇年代にはいると、社会主義的イデオロギー教育では子どもたちの成長が危ういのではないかと多くの親たちが不安を覚えるようになった。学校教育では代替的な精神形成システムが形骸化・マンネリ化し、教師たちはその意図を理解せず形式的な指導に終始し、情熱を失っているようであった。青年の間にはカルトブームが発生し、クリシュナ教やはてはオウム教までがもてはやされた。〔中略〕確かに、若い人の間には宗教意識が増加していることは事実のようだ。〔中略〕だが、社会的混乱の中で、このような宗教意識はどの方向を向くのか不明朗である。アイデンティティ形成の要素を決めかねているのが、ロシアの現状であるとも言える。〔中略〕精神世界の不安は、宗教の多様化となって現れているようである。

〔福田 一九九八：五八〕

福田は、社会的混乱が引き起こした「精神世界の不安」にともなう「宗教の多様化」現象の一つとして「カルトブーム」を認めているようである。一方で、学校教育は人々のアイデンティティの根拠となる「精神形成システム」としての役割を担い切れていない。社会主義が、無神論的学校教育によって宗教に取って代わろうとしても、その社会的機能を教育だけでは補うことは難しい。

藤原潤子も、社会主義体制崩壊後のロシアにおける「呪術」の流行をとりあげ、非合理的信念が合理化される傾向がポスト社会主義に特有のものであるとしている。社会主義時代に、「教育、医療、農業などにおける近代化は、科学を標榜した無神論の名の下に推し進められた」結果、そこに「それが崩壊したことにより、ソ連時代の近代化のあり方への疑問や科学概念へのゆらぎが生じ、結果としてふたたび呪術が入りこむ余地が生じている」[藤原 二〇一〇：二五一]と言う。

J・ダンスタンは、このような社会主義の帰結として生じた精神的な隙間を、「道徳的真空状態」(moral vacuum)[Dunstan 1992:101]という言葉で表現している。彼は、そのような真空状態に引き寄せられたオカルティズムやカルトなどの流行を指摘し、宗教的道徳による精神的再生の必要性を強調する[Dunstan 1992:91]。

「真空状態」という言葉は、ポスト社会主義の宗教状況を説明する常套句となってきた。例えば、U・バークマンは、モンゴルにおける仏教の急速な復興をこの語を用いて捉えている[Barkmann 1997:70]。さらに、社会主義圏に対する宣教の機会をうかがっていた福音派の人々も、まさにそのような「真空状態」を埋めることを宣教の使命と考えていた。例えば、アメリカのキリスト教放送ネットワーク(Christian Broadcasting Network)は、「共産主義の崩壊は多くの国において、精神的空白状態を明らかにさせた。それらの国において、私たちの希望のメッセージは歓迎されてきた」と述べている[森 一九九六：二二三]。

また、D・C・ルイスは、『無神論のあとで』(*After Atheism*)[Lewis 2000]において、旧ソビエト連邦諸国とモンゴルで行ったインタビュー調査をもとに、ポスト社会主義社会における霊的な真空状態とでもいうべきものについて論じている。人々は、社会主義時代にも「超自然的」あるいは「宗教的」な体験を経験していたが、それを理解するための枠組みは無神論によって覆い隠されていた。しばしば、死別やそれにともなう「虫の知らせ」のような不思議な体験が、まったく宗教に関心をもつことがなかった人々に「霊的な目覚め」を喚起させる契機となったが、そのような体験は戸惑いをもって受けとめられた。「社会主義の遺産の一つとして、霊的な体験について話すことを控えるような傾向があった」ため、人々は「そのような体験がどれほど一般的かということの知識を欠いて」おり、それゆえ、そのような体験を披瀝することさえはばかられた[Lewis 2000:14]。一方、「近頃では、霊的体験が起こるということに人々が気づき始めたのだが、しばしばそれをどのように解釈してよいのかがわからない」[Lewis 2000:14]。霊的な体験を解釈するための伝統的枠組みが失われたからである。(14)

他方で、既存の枠組みを喪失しても、人々は個人的なレベルでそのような体験を解釈しようとする。ルイスは、民主化直前の時期にイギリスのモンゴル人留学生に対してインタビュー調査を行い、彼らが無神論者を自称しながらも予知夢などの超常的な体験を経験しており、その解釈は、仏教やシャマニズムなどの世界観を喪失している場合でも、寄せ集められたさまざまな知識を動員して組み上げられていることを示している[Lewis 1991:53–54]。彼は、最終的に「表面的な無神論の覆いがあっても、モンゴルには『宗教性』の底流は途絶えていない」[Lewis 1991:54]と結論づける。このような理解は、内在的な霊的要求の存在を前提に、既存の枠組みの喪失による霊的な真空状態の生成を認めるものである。グリーリーと同様にルイスも、ポスト社会主義社会の宗教を、人間の本性に由来する「宗教性」を改めて浮き彫りにするものとして捉えていることが分かる。

以上で述べてきた道徳的あるいは精神的な「真空状態」という視座は、なぜ既存の宗教ではなく新たな宗教へ人が向かっていくのかということについての理解を助けてくれる。しかし、なぜ特定の新たな宗教へ人々が向かっていくのか、ということを説明するうえでは、やはり十分な視座であるとは言えないだろう。それは、彼らが人々の「宗教的要求」とでもいうべきものを自明視していることといくらか関係がある。彼らは、その背後に「世俗化論」に対する反駁を視野に入れているからである。そのことは、「宗教の復興」という視座にも共通している。社会主義が宗教を抑圧してきた事実と、それでも「宗教は無くならなかった」という歴史的帰結は、西欧のキリスト教会に起きている「衰退」か「復興」かという議論、あるいは、より一般化したレベルでの宗教の「世俗化」に関する議論を根拠づけるうえで、格好の事例となったからである。

こうした議論における「ポスト社会主義」の捉え方に対しては、佐原徹哉の次のような批判は示唆的である。彼は、社会主義体制崩壊後の西欧の知の流入が、対象としてのポスト社会主義をディシプリン(専門分野)ごとに分断し、ポスト社会主義を捉える独自のまなざしが失われてしまったと言う[佐原 二〇〇四:二二]。このことは、宗教社会学についてもまったく当てはまる。ポスト社会主義における宗教状況は、西欧を中心に練り上げられた理論的枠組みによって分節化され、それを検証するための材料として従属的な地位に甘んじてきたのである。佐原は、「ポスト社会主義」という概念が、「様々な事象や現象を大雑把かつ一括りに論じることのできる場を提供してきたが、「それは、同時に、方法論的な矛盾を隠ぺいしながら、性格や位相のことなる諸現象を理解したつもりになるのに貢献した」〔佐原 二〇〇四：一九〕と指摘するが、では「ポスト社会主義」とは、もはや地域ごとの個別の歴史における単なる時代区分にすぎないのであろうか。

❇「ポスト社会主義」という視座

社会人類学者の高倉浩樹は、「『伝統・社会主義・現在』という三つの歴史的位相を、同時代を理解する分析枠組み」〔高倉 二〇〇八：六〕とすることによってポスト社会主義人類学の可能性が開かれるとする。それは、時系列で歴史的位相を弁別し、その特徴と変化を描き出していくのではなく、「個人や集団の記憶・関心・意図に応じて強調されたり再編されたりしながら、常に『現存』しているもの」〔高倉 二〇〇八：六〕として「社会主義」を捉え直していく視座である。このように、人類学的視座のなかに「社会主義」を定位することは、人類学的知識によって蓄積されてきた「伝統と近代の二元論的視座」を積極的に相対化する契機ともなる。高倉は、旧ソ連圏というフィールドを前に多くの人類学者たちが目にしてきたのは、「『伝統』よりも『近代』が凌駕している生活世界」であり、その「近代」は「身近で親しみを感じるものではなく、何と表現可能かといえば、『西側的ではない』としか言いようがないもの」であったと指摘する〔高倉 二〇〇八：五〕。このような「西側的ではない近代」をどう捉えるかが人類学的二元論を相対化するときの要点となる。(15)

この「西側的ではない近代」という認識は、「社会主義」を改めて他者化するものであるが、渡邊日日が指摘するように、「『他者としての社会主義』という論点そのものが、文脈によっては思惟の冷戦構造（過度に社会主義社会の『異質性』を前提視し、西側と東側との間に認識論的カーテンをひく発想）と重なるリスクを避けられない」［渡邊 二〇〇二：四一］。それゆえ、「社会主義の人類学」は、「議論の枠組みを作りながら、それを自ら切り崩さなくてはいけないという矛盾した戦略を採らざるを得ない」［渡邊 二〇〇二：四二］。しかし、その戦略自体はきわめて重要な意義を含んでいる。高倉が指摘するように、エスニシティに関わる諸問題や社会言語学、宗教実践と儀礼に関わる領域、私的所有の出現、行動適応や倫理的次元などにおいて、あえて「社会主義」を通して見ることで、より鮮明に浮かび上がる対象群が確かに存在しているからである。つまり、ポスト社会主義人類学は、「他者としての社会主義」そのものの理解というよりも、その先に「『ソ連現代史に由来する理念・制度を含みながら現存する社会空間』の人類学的解明から、諸概念の見直しと新研究領域の開拓を促す」［高倉 二〇〇八：一一］ものとして積極的に評価されうるのである。

現前する社会における「現存した社会主義」(16)の解読のために、渡邊や高倉が「内在化」と呼ぶものを想定することは有効のように思われる。渡邊が指摘するように、ポスト社会主義についての議論のなかでは、国家と社会あるいは民族という図式の克服のために、「国家の内在化」という視点が導入されてきた。それは、「民族周縁が国家からの作用を、程度の差はあれ、適応や再解釈を通して内在化してきた」［渡邊 二〇〇二：四二］とする視点である。そこでは、単に国家と民族（あるいは地域、社会）が二項対立的に捉えられるだけではなく、「後者による前者の『創造的』取り込み」［渡邊 二〇〇二：四三］あるいは、「policy-taker としての住民側からの応答」［渡邊 二〇〇二：四五］を読み取ろうとする。

一方で、高倉は、「民族と国家」に関わる研究が常に「国民国家」を主題とするなかで、「エスニシティが生成する過程は、本源論・道具論いずれにあっても、住民の『自然』な実践と見なされていた」［高倉 二〇〇八：一〇］点を指摘したうえで、「非国民国家＝帝国が制度化したエスニシティ、つまり住民にとっての『非自然』が住民に内在化されていく、というエスニシティ生成をめぐる、より高次の過程への注視を促す理論的視座」［高倉 二〇〇八：一一］をポスト社会主義人類学が提示してきたとする。つまり、ポスト社会主義社会を読み解くうえでは、「国家」と「民族」の対比以前に、その「民族」自体における「制度化された多民族性」の内在化が問題視されるのである。

このような視座の必要性は、渡邊の次のような指摘に端的に示されている。「現在のシベリア諸民族の精神的空白状態は、民族文化弾圧論では説明できない。何故なら、もし伝統的民族文化がソ連時代に抑圧されていたのであれば、現在それを復興する事で民俗的観念世界が満たされるはずであるが、行政的に『復興』がいまインテンシブに行われつつも、再生力を勝ち得ていない」［渡邊 二〇〇二：四二］。現在の「民族」は、すでにかつての「伝統的民族文化」とは、その領域性においても内容においても異なっているのである。

例えば、吉田世津子は、キルギス遊牧社会において社会主義体制下で新たに生み出されてきた儀礼的慣習について分析している。キルギス遊牧民において、彼らが強制的に定住化・集団化されていく過程のなかで、ある父系出自集団は葬式の見舞金を出し合うという慣習を形成していく。このような慣習的行為は、定住化・集団化という受動的状況に対応しつつ、父系出自集団をつなぎ合わせるものとして、新たに形成されてきたものであった［吉田 一九九九：一六七、二〇〇〇：一七六］。一方で、遊牧民の定住化後には、集団は次第に地域的な連帯を強めていき、その結果、父系出自集団に本来属さない人たちが、その集団のなかに取り込まれていくことになる。そのような父系出自集団に「なる」現象が、今度は逆に葬式の分担金を出し合うネットワークに参加していくことで達成されてきた［吉田 一九九九：一七六、二〇〇〇：一八〇―一八二］。そして、社会主義体制の崩壊によるコルホーズやソフホーズの解散に際しても、その解体にともなう割当集団は、まさに分担金の出し合いなど相互扶助行為によって結ばれたネットワークにもとづき編成されてきたのである［吉田 一九九九：一六七］。

キルギス遊牧民の例では、社会主義の政策が外在的なものとしてあるだけではなく、それが人々の新たな実践の「創造」を通して内在化され、さらに、そのような実践が集団的アイデンティティの基盤となっていく様態が示されている。ここで重要な点は、集団が国家政策に強制的に従わざるをえなかった場合でも、あるいは積極的に抵抗してきた場合でさえ、国家は何らかのかたちで内在化され、それを前提として主体の領域性や帰属意識が新たに生み出されてきたということである。また、そのような実践の創造にもとづく社会関係が、社会主義体制崩壊後の集団編成においてもある程度の影響力を維持していることは、社会主義諸制度の内在化への注目が、国家と民族の二項対立図式を相対化するだけではなく、社会主義体制崩壊後の状況を理解するうえでも重要であることを示している。

一方で、このようなかたちで「現存する」社会主義は、ただ外的に観察されるだけではない。高倉が指摘するように、日常生活の一定部分を構成する社会主義制度の「残存」は、「人々がそういう生活をイーミックな概念として対象化し、その維持あるいは変革のために操作するという複雑な現実」〔高倉 二〇〇八：八〕として捉えられるのである。いわば、このような社会主義的諸制度の再帰的な「対象化」や「操作」こそが、社会を「ポスト社会主義」へと推し進めてきたと言える。社会主義体制崩壊後、人々は「国家」や「民族」、親族を含めた諸集団への所属、宗教や階級、日常的実践の諸カテゴリーなどを対象化し、それらを「社会主義」の記憶と現前する社会のあいだに改めて配置し直すことで、「ポスト社会主義」を生きてきたからである。そのような意味で、「ポスト社会主義」とは再帰的なプロセスであると言える。

以上のように、「ポスト社会主義」という視座は、現前する社会のなかに「現存した社会主義」を見出すことで、「現在」と「伝統」という人類学的二項対立図式を相対化しながら、人々の実践の複雑な動態を明らかにしていくものである。特に、社会主義的諸制度の「内在化」という視角を導入することによって、「国家」と「民族（あるいは地域、社会）」という二項対立図式をも相対化し、「内在化」を通して創造されてきた人々の実践が社会主義体制崩壊後における主体の領域性や帰属意識に及ぼしていく影響を捉える。そのうえで、内在化された諸制度を人々が対象化し、維持、変革していく再帰的なプロセスを分析するのである。しかし、これらの視座があくまで戦略的なものであり、議論の出発点にすぎないことは渡邊の指摘するとおりである。われわれは、「ポスト社会主義」を対象化しつつ、それを切り崩すことで、その先へと進んでいかなければならない。そのために、次節では「宗教の越境」という本書の主題をとりあげ、もう一歩先へ理論的準備を進めておきたい。

第三節 宗教の越境をどう捉えるか

✽問題群としての「宗教の越境」

本書では、一九九〇年の民主化以降、新たに外国からもち込まれた福音派のキリスト教が、現代モンゴル社会において信徒を獲得し広まっていく現象を、「宗教の越境」という言葉で対象化しようとしている。しかし、あらかじめ弁明しておくと、この「宗教の越境」という言葉は、実体をともなって厳密に定義しうるものではない[17]。それでも、ここで扱おうとする現象を、「宗教」がある種の境界を越えていく一連のプロセスとして理解することには、一定の意義があるということを本節では明らかにしていきたい。

そもそも「宗教」という概念についてさえ、明確に境界づけられた特定の対象を表すものではないことについては議論の余地はないだろう。そのような意味で、「宗教の越境」という言葉で指し示しうる対象の範囲はきわめて広く曖昧である。例えば、宣教師が国境を越えて他国で信者を獲得することから、国境を越えた国際的な宗教機関が形成されること、特定の信仰をもった集団が国境を越えて移動すること、聖典が他の言語に翻訳されることなどである。それらは、観念的なものから、言語、民族、社会、国家に至るまできわめて広いコンテクストに関係しており、とても明確には対象化しえないようにも思われる。

しかし、本書で扱っていく現象は、それらの要素を実際にすべて含んでいるのである。福音派キリスト教が国境を越えてモンゴルに入ってきて、信徒を増やしているという現象は、ただ特定の「宗教」が国境を越える事態としてだけあるのではない。そこでは、宣教師や信徒、聖書やパンフレット、教義や概念、信仰や宗教的実践、教会運営資金など「宗教」に関連づけられるあらゆるものが、国家、民族、社会集団、言語、世界観などのさまざまな位相において、それぞれの境界を越えていく。そのようないくつもの位相が錯綜する現実を総体として捉えるために、ここでは「宗教の越境」という言葉でそれを対象化したいと考えている。つまり、特定の本質的事実ではなく、開かれた問題群としての「宗教の越境」である。

ここで注意しておきたいのは、諸位相における「境界」が決して固定的なものではないということとである。旧社会主義諸国における「改宗」の問題を論じたM・ペルクマンズは、「改宗は境界を越えるだけではなく、それによって境界を生み出していく」[Pelkmans 2006:13]ような動的側面をもつと指摘する。確かに、改宗が新たな集団を生み出し、そこに特有のアイデンティティと境界が生み出されることは想像しやすい。しかし、このことは改宗に限らず、「宗教の越境」のあらゆるプロセスについても当てはまるだろう。改宗を含めた特定の越境は、その過程に関わる諸位相に作用し、何らかのかたちでそれを更新する。そのような動的なプロセスとして、「越境」を捉えていく必要がある。

また、もう一つ重要な問題は、複数の位相のあいだの関係性である。ある越境のプロセスが複数の位相に関わっていることは多い。例えば、宗教が国家を越えるとき、それは同時に民族の越境をともなうことがある。また、聖書の翻訳は、言語間の越境だけではなく、異なる観念体系のあいだの越境をともなうことになる。越境が多くの位相と関わっているほど錯綜した現実となるが、このような多層的な現実を丁寧に解きほぐして見ていく必要がある。それによって、異なる位相と位相を結びつけようとする力学を捉えることも可能になるからである。第二章以降で見ていくように、このような力学の分析は本書の主題の重要な部分を占めることになる。

❊社会主義における宗教と民族

現代モンゴルにおける「宗教の越境」を扱う場合、前節で論じてきたように、社会主義の影響を考慮に入れることは有効な視角である。モンゴルにおける福音派の事例に関しても、「越境」が行われる各位相を分析するうえで、そこに社会主義の歴史のなかで内在化されてきた諸制度の痕跡を認めておくことは重要な意味をもつ。実際、第二章以降で明らかにするように、人々の言語や観念、日常的実践や社会関係のあらゆる領域で社会主義的諸制度は内在化され、それが社会主義体制崩壊後においても各位相を境界づけるものとして、重要な意味をもち続けているからである。そのなかでも特に重要な意味をもつのは、「民族」の創造や「民族言語」の発展といったアイデンティティの根幹と関わる領域である。

社会主義による民族政策の理念は、民族社会を分節化・固定化し、最終的には、それらをソビエトの社会主義システムのなかに取り込み、平板化していくことへと向けられていた。特にレーニンは、そのような理念を最初に徹底したかたちで提示した。彼は、民族の分離を認めず、「それを階級の原理に従属させることによって、ロシアがプロレタリアートの独裁による、『巨大な中央集権国家』となるべきことを主張しつづけた」〔田中 一九九一：一五二〕のである。

しかし、民族や言語が階級を超えた概念であることは、グルジア民族出身であったスターリンによって強く意識されることになる。スターリンにとって、「民族とは、言語、地域、経済生活、および文化の共通性のうちにあらわれる心理状態、の共通性を基礎として生じたところの、歴史的に構成された、人々の堅固な共同体」〔田中 二〇〇〇：四八〕であった。民族の構成要素としての言語をスターリンは明らかに上部構造から区別しており、そこでは、民族は階級闘争によって解消させられるべきものではなかった。民族文化の建設、土着の人々からなる指導層の養成と、社会主義、プロレタリア文化の建設という一見矛盾した目標を結びつける論理が、一九二五年にスターリンによって提示された「内容においてはプロレタリア的、形式においては民族的」という理想文化の設定であった。[18]

このような理想文化の設定にとって、民族の規定がきわめて重要な意味をもつことは疑いの余地がない。ソビエト連邦では、近代的な民族であるナーツィヤと、前民族的結合体としてのナロードノスチが規定され、ナーツィヤは国家あるいは準国家を形成しうるが、ナロードノスチはかなり低位の自治に甘んじなければならなかった。「民族の定義は、現実にはある集団の資格を認定したり否認したりするための行政上の基準とも言うべき役割を果たすことになる」[田中一九九一：二四九]。

「民族」の領域設定は、同時に民族イメージの形成とも深く関わっている。ソビエトは、民族学などの学問的知を動員しながら、民族の領域設定と民族イメージの形成を進めていくが、それによって「伝統」を含めた「民族」、「民族文化」といった概念が歴史的に形成され、さらに「人民」へと内在化されていくことになる。特に、「郷土」の記憶が集積する場所としてさかんに建設された博物館は、具体的な民族イメージの物質的基盤となった。

以上のように、スターリン以降、「民族」という「形式」は、社会主義イデオロギーの「内容」と相反しない限り、活用されてきた。特に、「民族」の設定と連動する「郷土」イメージの創造は、祖国としてのソビエト連邦のイメージの創造へと結びつけられていたのである［渡邊 一九九九：一五］。しかし、「民族」イメージの創造に及んで、「伝統的」な民族的要素のうち「有効なもの」と「有害なもの」とが峻別されることになった。そこで、「宗教」は「有害なもの」として選り分けられていくことになる。「宗教」を論じるうえで「民族」が重要な意味をもつのはまさにこの点においてである。社会主義が反宗教を唱えるときの「宗教」は理論上は一般的抽象的な概念であるが、実際に反宗教政策が対象としていったのは、具体的な個別の宗教組織や宗教的習慣であり、それらは「民族文化」の負の側面として捉えられた。裏返せば、人々が国家あるいはソビエトに抗していく場合には、宗教は「民族」の内側に囲い込まれ、その核心をなしていく可能性が生まれてくる。それゆえ、諸制度をめぐる国家と民族（あるいは地域、社会）のあいだの微妙なかけ引きにおいて、宗教は実際には単なる排除の対象としてのみあったわけではなく、逆に、常に重要な役割を演じてきたのである。

例えば、ルーマニアでは、民族主義的傾向の強い社会主義（デジ＝チャウシェスク政権）が、西欧（カトリック）からもソビエト（無神論）からも独立したアイデンティティ確立のために、ルーマニア正教会を保護していく。そのプロセスでは、ダチア・ローマ主義と呼ばれるルーマニア民族の起源神話が創作され、「ルーマニア民族」自体が作り上げられていった［新免 一九九九］。

一方で、教会の側も、佐原が指摘するように、「国家と共存し、しばしばそれに奉仕しながら生き永らえてきた」［佐原 二〇〇〇：一三二］。しかし、P・ミシェルが「教会の中のあるものは、そこで妥協によって評判を落とした。反対に他の教会はそこで、威信と影響力を増加することができた」［ミシェル 一九九〇：一五四］と指摘するように、国家と民族のあいだにおける教会の立ち位置は、きわめて繊細なものであった。例えば、ハンガリーや東ドイツでは、プロテスタント教会が、その存続のために体制と妥協して「社会主義の範囲内での宗教」を実現していったが、そのことがソビエト国家との協働であると人々に受けとめられたため、教会は信者の多くを失った［Gautier 1997:290–291］。教会が社会主義に寄りそい、普遍主義の立場に立とうとする場合には、それは民族的アイデンティティに対する敵と見なされたのである。

M・ユルゲンスマイヤーは、「社会主義は、民族を越えた《トランスナショナル》敵に対しては宗教の盟友になり、それ自身が民族を越えるときには宗教の敵になる」［Juergensmeyer 1993:145］ことを指摘し、それを「宗教と社会主義の愛憎並存関係」と呼んでいるが、この図式はいわば先述した教会と民族の関係の反転したかたちとなっている。この解釈では、社会主義がナショナリズムと普遍主義のどちらに寄るかによって、社会主義に対する「宗教」の態度が決定づけられるということになる。このような図式は、先述したような民族の核心をなす「宗教」の理解を前提としているが、その場合、「宗教」として、社会主義国家に半ば容認された教会などの公的宗教を想定するだけでは不十分である。「宗教」がいかにして民族の核心をなすに至ったかを理解するために、宗教的諸実践に国家が内在化していくときに、公的な宗教とそれ以外の宗教的実践がどのような関係をとるようになってきたのかを見ていく必要がある。

社会主義体制下にあっては、帰属意識や宗教的諸制度の内在化は、社会的改編の過程と密接に結びついていた。社会主義は、集団化などを通じて公的領域の拡張を目指してきたが、人民が「公人」として完全に社会主義に取り込まれてしまわない限り、公的領域の隙間には別の領域が残されてきた。その二つの領域は、定住化や都市化といった生活様式の根本的な改編をともないながら、人々の日常生活のなかに埋め込まれていったのである。つまり、公的領域においては「宗教」や「民族」に関する「公式な」類型が社会的実践と結びついて制度化される一方で（モンゴルの場合、唯一残されたガンダン寺がそれに当たる）、その反応として、公的ではない特定の領域において宗教に関わる別のプロセスが進行していたことが考えられる。

地域が国家の「公式な」宗教政策に過敏に反応し、民族意識と宗教的実践を限られた領域のなかへと凝縮させた例として、中央アジアのイスラームがあげられる。ソビエト連邦はイスラーム教徒を、国家により任命され宗務局によって管理された「公式イスラーム」によって統制しようとしてきた。しかし一方で、地下組織化されよく訓練されたスーフィー教団を中心とする信者が次第に勢力をつけてきた。彼らは、ソビエトによる圧力に耐えながら組織体を何とか維持し、公式イスラームが遂行しえないような役割を担ってきた。そして、二つのイスラーム自体は、そのような役割分担によって平和的に共存してきたようである。フランスの研究者たちは、このような組織を「平行イスラーム」（Parallel Islam）と呼んできた［Rywkin 1987:31］。A・ベニグセンは、一九八〇年代後半の中央アジアのイスラーム社会に、①民衆レベルでの伝統的儀式や信仰の復活、②スーフィー教団の活発化、③若い知識人を中心とした民族的覚醒とナショナリズムおよび宗教の結合という三つの新しい傾向を認め、それらの複雑な絡み合いを指摘する［Bennigsen 1989:89］。ベニグセンは、このような非公式なイスラームに注目することが、「ソビエト当局が全てのモスクを閉鎖して宗教弾圧を過激に行った地域ほど、宗教的実践の比率が高い」という「逆説的な状況」を説明するために不可欠な視角であることも認めている［ベニグセン 一九九七:二四］。「平行イスラーム」概念については多くの批判がなされてきたが、(19)「国家の内在化」が生み出してきた宗教と民族をめぐる複雑な境界と、ポスト社会主義の状況の関係性を理解するうえで、初めて提示された有効なモデルであると言える。

「平行イスラーム」に見られるような、特定の領域への「宗教の隠棲」は、その領域によって規定される集団への帰属意識と信仰とを強く結びつけていった。まさに、このような過程によって、宗教は民族の核心へと囲い込まれていったと考えられる。「宗教と社会主義の愛憎並存関係」は、このようなかたちでの宗教の内在化を前提としている。それゆえ、宗教がどのような領域に囲い込まれ、それがどのように集団的帰属意識と関連づけられているのかを、社会主義的諸制度の内在化とそれによって境界づけられた諸位相のなかから丁寧に読み解いていく必要があるだろう。

❊イデオロギーの地平と日常的実践

マルクスは、すでに、宗教が隠棲していく可能性について認識していた。彼は「ユダヤ人問題によせて」のなかで、「大多数の人たちがまだ宗教的である場合でさえも、国家はみずからを宗教から解放してしまうことができる」[マルクス 一九七四:二一]ことを指摘している。マルクスは、宗教からの政治的解放は、貫徹された矛盾のないものとしての宗教からの人間的解放ではないことを強調する。政治的解放はあくまで「《公人》と《私人》への人間の分裂、国家から市民社会への宗教の転位」でしかなく、「人間の《実際の》宗教心を揚棄するものではない」[マルクス 一九七四:二八]。

「近代化によって宗教は無くなっていく」とするマルクスの予見を、「近代化のために宗教を無くさなければならない」という使命に読み換えたのはレーニンであったが[20]、ソビエト社会主義がそれを反宗教政策というかたちで実践に移そうとしたとき、まさにマルクスが危惧していたとおりの帰結をもたらした。現象学的社会学の観点から、近代化における宗教の「私事化」を論じたT・ルックマンは、社会主義について次のような指摘を行っていた。

〈個人の宗教意識を鋳型する〉《公式》モデル風のものを分節し、《全成員》の定型的社会化としてソ連型モデルを押しつけることに成功した共産主義でさえも、《新しい人間》の創造には失敗している。大局的には、ロシア革命後の世代は、《公式》モデルを内面化する際、額面どおりには受け取らず、レトリック体系として受け入れているように思われる。資本主義国ほどには表面化しないが、《私的領域への隠棲》が明瞭にうかがわれる。 [Luckmann 1967:101-102]

ルックマン自身は、このような「隠棲」を世界全体の近代化にともなう「宗教の私事化」過程の一つであると捉えている。彼は、西欧社会をモデルに、「宗教の私事化」を、社会が近代化にともない多くの自律的システムへ分化していくなかで、システムの剰余としての私的領域へ宗教が隠棲していくものとして描き出してきた。しかし、社会主義社会では、公的領域をどこまでも伸展させようとする国家と対峙するなかで、宗教はむしろ意識的に特定の領域に囲い込まれてきたと言えるだろう。だからこそ、反宗教の社会主義的モデルは、「レトリック体系」として受け入れられてきた。ルックマンの指摘は、私事化が社会主義社会でも起きていることを主張するものであったが、正しくは、西欧の私事化とは異なるプロセスで「宗教の隠棲」が行われたからこそ、「レトリック体系」として宗教政策が内在化されたと見るべきであろう。

J・カサノヴァが指摘するように、西欧においては、すでに「宗教的なるもの」と「世俗的なるもの」の分離という二元論が社会の至るところで制度化され、社会的領域そのものが二元論的に組み立てられていた[Casanova 1994:13]。つまり、世俗化論も「宗教の私事化」論も、社会における「聖俗の分離」を前提としているのである。しかし、多くの旧社会主義諸国では事情はまったく異なっており、特に非キリスト教社会においては、「宗教」という一般的な概念さえ存在していなかった。それゆえ、社会主義は、「強いられた世俗化」のために、わざわざ一から「聖俗の分離」を行う必要があったのである。転倒した世俗化は、先述したように「民族文化」のなかから「宗教」を選り分けていく作業として進められた。ペルクマンズが指摘しているように、旧社会主義諸国ではこのような宗教の対象化とアイデンティティ政策とが同時に進行したため、その結果として宗教的カテゴリーと民族的カテゴリーの緊密な結合が、人々の意識のなかに刻み込まれていくことになったのである[Pelkmans 2006:6]。

M・メイリアは、社会主義を「イデオロギーや政治が『上部構造』ではなく体制の『土台』を形成している世界」、つまり「反転した世界」であると表現しているが[Malia 1994:8]、「強いられた世俗化」は、このような「反転した世界」において、宗教や民族をイデオロギーの一面的な地平上に制度化してきたと言える。「国家の内在化」が、社会主義を扱う人類学において特に際立った問題となるのは、まさにこのことを前提としているのである。

しかし、「宗教の隠棲」は、人々の実践がそのようなイデオロギーの地平に回収しつくされないことを表している。「公人」と「私人」への人間の分裂は、「公式モデル」に対する人々のレトリカルな対応を生み出してきた。M・ド・セルトーが述べるように、「レトリック」は、行動における「戦術的」なロジックの言語的な発現である。(21) 社会主義に対する人々のレトリカルな対応は、イデオロギーの平面に張りめぐらされた宗教と民族に関わる制度と言説の網の目をすり抜けて、戦術的で詩的な日常的実践を生み出してきた。社会主義による制度と言説の一部は現体制へと受け継がれ、そこで新たな境界線が張りめぐらされようとしてきたが、そこで人々はどのように境界を越え、新たな領域を生み出そうとしているのか、そして、そのことが現代社会のグローバルな状況のなかでどのような意味をもつのか、それを明らかにすることが本書の目的である。

以上のような観点から、本書ではまず第二章において、福音派への改宗による「宗教の越境」が「民族」に対してどのような緊張関係にあるかを論証していく。公的領域において定式化されてきた社会主義の言説空間は、ポスト社会主義期のモンゴルにおいても一定のかたちで受け継がれてきたため、福音派のキリスト教徒たちは何らかのかたちでその枠組みに対処していかなければならなかった。そこで、彼らがどのように「民族」の境界を越え、「宗教」をめぐる新たな位相を生み出してきたかを分析する。

第三章では、第二章の言説分析を踏まえながら、人々が日常的な宗教的実践を通して「宗教」と新たな信仰の境界をどのように乗り越えていくかを分析する。特に、福音派が主張する「キリスト教は宗教ではない」という認識から、信徒の改宗が「宗教」との決別というかたちで遂行される点に注目する。そこには、社会主義時代の反宗教政策に対する人々のレトリカルな対応によって生み出されてきた日常的実践の影響が考えられるのである。それゆえ、同章では、「宗教」を乗り越えて福音派への改宗を果たす人々にとって、「宗教」とは具体的に何であったかを日常的実践のなかに探り、またそこに映し出される社会関係についても明らかにしていく。

第四章では、「宗教の越境」というプロセスを経て、人々がどのように新たな信仰のもとに結びつけられていくかを問題とする。第三章で明らかとなる改宗の多様性は、信徒の多様性というかたちで、教会内の共同性に関連してくる。そのような多様な信徒を結びつけていく一つの重要な要素が、教会で行われる援助活動である。彼らの援助と信仰の関係は、しばしば「実利的」という言葉で非難されるが、より踏み込んだ視点で、彼らの信仰と経済的位相、身体的位相の関わり合いを明らかにしていく。

以上のような分析を通して、ポスト社会主義期のモンゴルになぜ福音派のキリスト教が受け入れられてきたのかを描き出していく。それは同時に、現代モンゴル社会を覆うさまざまな境界とその位相を明らかにしていくことになるだろう。現代モンゴルにおける福音派の流行という「宗教の越境」は、民主化以降、それに関わる諸位相を飛躍的にグローバルな広がりのなかに位置づけてきたからである。ゆえに、それは、冷戦後の世界の一端を担う「ポスト社会主義」という社会状況を理解するための新たな視座の一つを提供することになるのではないかと考えている。

最後に、一つ付言しておかなければならないことがある。それは、第二章以降で論じるように、モンゴルの福音派はその信仰を「宗教ではない」と主張するが、それにもかかわらず、本書で「宗教の越境」という言葉を用いて福音派を論じていくことについてである。本書は、それによって福音派の見解に反対の意思表示をするものではない。ここでは、福音派を本質的に「宗教」として扱うわけではなく、先述したような意味で、つまり、モンゴルにおける福音派の台頭という現象を「宗教の越境」という開かれた問題群として扱う。そのような扱い自体に、一定のパースペクティブが埋め込まれていると言われるかもしれない。それについてあえて明言するならば、本書の立場は、「宗教」という言葉で表されるものに関する議論の伝統に一定程度依拠しつつ、「宗教ではない」という言説を「宗教」に対峙するものとして捉え、この「宗教である／ない」という次元を一つの位相として扱っているということも、本書が福音派を「宗教」に関わる問題群のなかに捉える所以である。

第二章

「民族」をどう越えるか

社会主義革命の英雄スフバートルの騎馬像(左)に
対峙して鎮座するチンギス・ハーン像(右奥)

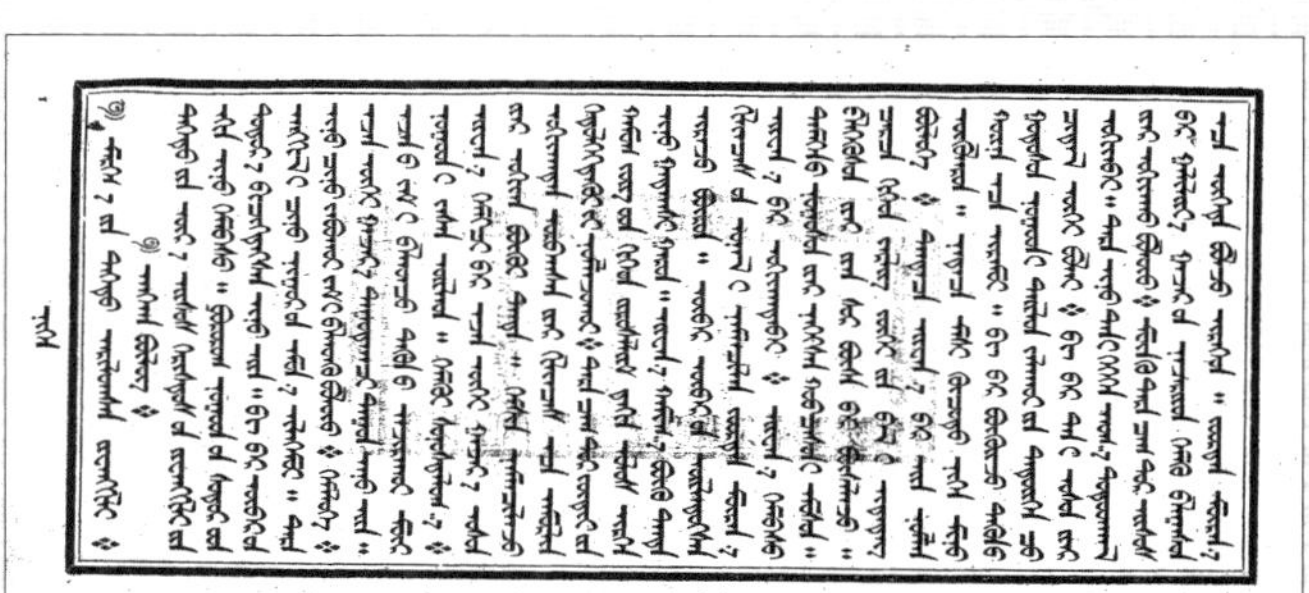

1821年版『マルコによる福音書』
(オランダ人宣教師シュミットによる翻訳)

本章では、モンゴルへの福音派の越境における「民族」の問題を取り扱う。「民族」(*ündes*)は、ポスト社会主義におけるモンゴルの宗教状況を論じるうえで、もっとも重要な概念の一つである。「民族」は、社会主義時代にきわめて繊細な統制の対象となってきた。なぜなら、「宗教」と同じように「民族」は、「社会主義的近代化」の枠組みのなかで、重要な位置を占めていたからである。それゆえ、それは意識的にしろ無意識的にしろ「ポスト社会主義」を強く規定している。実際、民主化以降のモンゴル社会を読み解くうえで、「民族主義」はもっとも重要なキーワードの一つとなっている。[1] そのようななか、これから見ていくように、「宗教」の復興も「民族」の復興と密接にからみあって展開してきたのである。

社会主義体制の崩壊以降、「宗教」は「民族」を構成するきわめて重要な要素として捉えられてきた。しかし、その文脈においては、「宗教」とはモンゴル民族の「伝統的宗教」とされた仏教のことを指していた。それゆえ、新たに登場したキリスト教など外国の宗教は、改めて「非伝統的宗教」というレッテルを貼られることになる。すべての外国宗教への改宗は、当初から「民族」の問題と対峙することになったのである。キリスト教をはじめとする外国宗教への改宗者には、「モンゴル人なのに、なぜ仏教ではなく外国宗教へ向かうのか」という批判的な眼差しが投げかけられてきた。福音派キリスト教は、そのような「民族」の境界をどのように越えていったのだろうか。まずは、モンゴルに入ってきた福音派をとりまいていた状況を明らかにするために、体制移行期における「民族」と「宗教」をめぐる言説についてみていきたい。

第一節

ポスト社会主義モンゴルにおける「民族」と「宗教」

※モンゴルの民主化と「民族」「宗教」

モンゴルにおける社会主義体制の崩壊は、一九八九年一二月一〇日のモンゴル民主同盟によって行われた街頭集会に端を発する。集会は回を重ねるごとに過熱したが、政府は集会を表面上禁止しつつも実質的には黙認するかたちをとったため、民主化運動はおおむね平穏のうちに進んでいった。

モンゴル民主同盟の主張は、モンゴルの置かれた危機的状況とその原因としての人民革命党に対する批判だった。特に、社会、経済、政治、意識、道徳面での危機、党による権力の独占と国家の私物化、民族や伝統文化を軽視する極端なイデオロギーなどを批判し、その改善のため、自由平等な選挙の実施、新憲法の起草、特に人民革命党の特権を反映した法令の無効化などを要求した［高瀬 一九九二：二〇五］。

一九九〇年三月七日には人民革命党中央委員、政治局員の大幅な入れ替えおよび人民大会議の解散と民主的な選挙の実施を早期に行うことを求め、民主同盟幹部の一〇人ほどがスフバートル広場でハンガー・ストライキに入り、それをとりまく群衆の数も数百人に上った［高瀬 一九九二：

二一二)。それを受け、早くも三月九日には、党中央委員会のバトムンフ書記長が人民革命党中央委政治局員の総辞職を決定すると、一二日には、開催された中央委員会でG・オチルバト書記長と新しい政治局員が選出される。

そして、三月二三日、モンゴル人民共和国憲法前文から「モンゴル人民共和国の国家的・社会的指導力は、すべての勝利者、マルクス゠レーニン主義理論を活動原理とするモンゴル人民革命党にある」という文言が削除され、ついに、一九二四年のモンゴル人民共和国建国以来七〇年近くに及ぶ人民革命党の一党独裁体制に終止符が打たれることになるのである。憲法改正を受けて五月一〇日に成立した政党法によって、人民革命党、民主党、民族進歩党、緑の党、自由労働党が政党として登録され、七月二九日にモンゴル初となる複数政党制による自由選挙が行われた。九月三日に、モンゴル人民共和国初代大統領として人民革命党のP・オチルバトが選出されるが(G・オチルバトとは別人)、副大統領には社会民主党のゴンチグドルジが就任することになった。

以上の改革のプロセスは、民主同盟を中心とする民主化運動を触媒としながらも、人民革命党の主導で行われてきた。そこには、人民革命党内部から積極的な批判の声が上がったことや、モンゴル民族の分裂を危惧する考え方、時期的に多少遅れていたことにより東欧革命の成果を冷静に判断する余裕があったことなどの要因があり、それらを踏まえて人民革命党自身が積極的に改革を進めたことで、その主導権を他の政党に渡さなかったのである。

例えば、民族主義政策の転換も、実質的には民主化運動が始まる前の一九八八年末の第五回党中央委員会によって開始されていた。そこでは、それまで公然とは祝うことができなかった旧正月を国民の祝日とすることが決定し、モンゴル文字やチンギス・ハーンの復権などが積極的に進められていた。そのような伏線もあり、人民革命党は政権を維持したまま、民主化政策を推し進めたのである。

宗教の問題に関しても、一九九〇年二月二二日という民主化の比較的早い段階で、セレンゲ県のアマルバヤスガラント寺院、ウヴルハンガイ県のエルデネゾー寺院の二つの仏教寺院、およびバヤン＝ウルギー県の一つのモスクが宗教活動の再開を認められる。この日は、中央図書館前のスターリン像が倒されるなど、民族主義と宗教の復活にとって象徴的な一日となった。

しかし、以下で論じるように、民族主義政策と宗教政策の二つの転換は互いに微妙にずれを生んでいく。社会主義による抑圧から自由になった民族主義的風潮はモンゴル全体を覆っていったが、「宗教」をめぐる言説は、一元的な人民革命党のヘゲモニーを離れ、多様な宗教的立場の競合の場となっていったのである。それは両者をめぐる歴史的相違に由来していた。

民主化は、モンゴルの宗教状況に大きな変化をもたらした。人民革命党の態度も、反宗教政策から宗教擁護へと大きく転回し、それは一九九二年の新憲法、一九九三年の「モンゴル国国家と寺院の関係についての法」において公式に表明されていく。しかし、党にとって、宗教政策の一八〇度の転回は決して容易いことではなかった。そこには、社会主義七〇年の歴史の重みがあった。つまり、社会主義は一貫して「宗教」を排除すべきものと説き続けてきたのであり、それを否定することは人民革命党そのものを否定することに等しかったのである。それゆえ、人民革命党は、改革の主導権を維持するために、かなり慎重に自らの宗教言説をコントロールしていく必要に迫られた(2)。

移行期における宗教言説の展開は、「宗教」をめぐる繊細な競合の過程を明らかにしてくれる。その際、次の点に留意することは重要である。それは、モンゴルでは一般的な概念としての「宗教」そのものが、社会主義によって形成されてきたということである。さらに、それは強圧的な反宗教政策を通して社会に一般化されてきた。社会主義時代、そのような「宗教」概念の内容と価値は、体制によって一元的に管理されていたのである。つまり、「宗教」概念は、人民革命党のヘゲモニーにとって不可欠なツールとなっていた。民主化は、そのような一元的ヘゲモニーの崩壊をもたらす。そこで、モンゴルにおける宗教言説は初めて多元化したのである。つまり、民主化は「宗教」概念をめぐる競合という体験を初めてモンゴルにもたらしたことになる。

❈民族主義政策の転換のイデオロギー的表象

ここで改めて、民主化による民族主義政策と宗教政策の転換を、そのずれに注目しながら順に見ていきたい。

モンゴルでは、ペレストロイカの影響を受け、一九八〇年代後半から人民革命党主導による刷新政策が進められていた。特に、一九八八年末に行われた第五回党中央委員会では、政治改革を中心とする刷新の加速化が唱えられ[3]、一九八九年に入ると、民族主義の復権や歴史の見直し作業が積極的・具体的に着手されるようになる[4]。

一九八八年一二月二七日、かつては公的には祝うことができなかった旧暦による正月を国民の祝日とする通達が、人民大会議幹部会により出された[5]。それを皮切りに、モンゴル文字やチンギス・ハーンの復権など、社会主義時代には「プロレタリア国際主義」のもとで制限されていた民族主義の解放が始まる。

ウイグル文字をもとに一三世紀頃に考案され、二〇世紀前半まで用いられていた縦書きのモンゴル文字は、一九四六年一月一日にキリル文字が公用文字化されて以降、まったく用いられなくなっていた。これは、ソ連邦全土にわたるキリル文字化という大きな流れのなかにあり、民族主義抑圧と国際主義＝ソビエト化という文脈のなかに捉えられる[6]［田中 一九九二：一八六；鯉渕 一九九五：一一三―一一四］。しかし刷新政策のなかで、一九八六年にルヴサンジャヴ教授によってモンゴル文字学習書が作成されると、一九八八年一二月一六日、モンゴル作家同盟がオトガ・ゾヒオル・オルラグ紙を通じてモンゴル文字の復活を呼びかけ、一九八九年には、モンゴル国営テレビや人民革命党の機関紙であるウネン紙上などで、モンゴル文字講座が開始されるようになった［鯉渕 一九九五：一一五］。

一九九〇年に民主化が始まると、民主化の象徴としてモンゴル文字の復権が全面に押し出されたことは当然の成り行きだった。なぜなら、モンゴル文字の復活は、民族主義のイデオロギー的

写真2−1　1990年2月26日のウネン紙題字

写真2−2　1990年4月10日のウネン紙題字

表象として、もっとも普遍的で分かりやすいかたちだったからである。すでに一九九〇年四月一〇日には、「モンゴル人民革命党の刷新のために」という見出しとともに、ウネン紙の表紙が一新する。それまでのウネン紙は、キリル文字だけで題字が書かれ、その上には「万国のプロレタリアートよ、団結せよ！」のスローガンが記されていたが（**写真2−1**）、四月一〇日からは、キリル文字の横にモンゴル文字の題字が添えられ、その上には社会主義スローガンの代わりに、「愛するモンゴル国を繁栄させよう！」と呼びかけられるようになった（**写真2−2**）。

このような、民族主義的ニュアンスを帯びたモンゴル文字への回帰は、

一九九一年五月三〇日の国家小会議による「モンゴル文字の公用文字化およびその準備」についての決議に結実する。(7)

チンギス・ハーンも、民主化の重要な表象であった。社会主義時代には、チンギス・ハーンを賞賛することも難しかったからである。民族主義に対する抑圧が比較的緩和していた一九六二年、チンギス・ハーンの生誕八〇〇年を祝う行事が企画された。しかし、突然の中止とともに主催者であったトゥムル＝オチルが「民族主義者」として粛清されることになる。(8) 一九六三年にチンギス・ハーン崇拝への反撃が再確認されると、それ以降は公然と彼を讃えることはできなくなるのである。しかし、一九八〇年代に入り刷新政策が始まると、チンギス・ハーンの復権も中心的な課題となってくる。特に、一九八九年春頃から、『元朝秘史』七五〇周年にあたる一九九〇年へ向けた祝祭の風潮が高まり始め、ウネン紙でも特集の記事が組まれる。例えば、一九八九年四月二八日には『元朝秘史』がモンゴルの「伝統的な」牧民の暮らしを知るための貴重な資料であることが紹介され、七月一五日には『元朝秘史』の考古学研究について、一一月二五日には『元朝秘史』にみられるモンゴルの伝統的な女性像についての記事が載せられる。

民主化後もチンギス・ハーンは民族主義の分かりやすい象徴として利用され続ける。モンゴル帝国建国八〇〇周年に当たる二〇〇六年には、スフバートル広場の国会議事堂前にチンギス・ハーンの巨大な銅像が完成するが(本章章扉写真)、そこは社会主義革命の英雄スフバートルの霊廟の在所であった。二〇〇四年、スフバートル廟に安置されたスフバートルと「独裁者」チョイバルサンの遺体は取り除かれ、荼毘に付された後、ウランバートル市東部の要人墓地に埋葬し直される。社会主義から民族主義への完全なる移行を示す象徴的な出来事であった。

一九八九年における民族主義復権の動きは、他の改革と同様に社会主義の枠組みを出るものではなかった。(9) しかし、一九九〇年に入ると民主化運動の影響を受け、人民革命党自身もより急速に民族主義的方向へ傾いていく。ただし、その内容そのものは、基本的に一九八九年の刷新政策の延長線上にあったと言ってよい。

民族主義政策の転換において採られた方策は、社会主義時代に民族主義抑圧の根拠となっていた「プロレタリア国際主義」の行きすぎを非難し、一方で民族主義の軽視を修正することであった。特に、それは一九八九年から進められた「歴史の見直し」作業と密接に結びついている。「歴史の見直し」は、粛清された人々の名誉回復を主な目的としていたが、それによって社会主義時代の一部の権力者を悪者に仕立て上げることは、国際主義の行きすぎと民族主義の抑圧に関する自己批判のための布石となっていた。

民族主義は、かならずしも社会主義時代を通じて抑圧されてきたわけではない。また、社会主義イデオロギーは、民族主義そのものを否定してきたわけではなく、表向きは「極端な」民族主義を統制していたにすぎなかった。そのため、独裁的であった一九五二年までのチョイバルサン政権や、一九八四年までその後を引き継いだツェデンバル政権を批判することによって、民族文化抑圧のすべての責任を彼ら「独裁者」に負わせることが、少なくとも党の論理としては可能だったのである。党中央委員会全体会議は、一九九〇年六月二九日に「ツェデンバルのとりまきたちの除名」を実施し、過去の「誤った路線」の一掃を図る。

民主化における民族主義の復活を示すもっとも象徴的な出来事は、国立中央図書館の前に建っていた高さ四メートルのスターリン像の撤去であった。それは一九九〇年二月二二日という民主化の比較的早い段階で行われた[10]（**写真2−3**）。

スターリン批判と対照的に、正しい社会主義路線の象徴とされたのはレーニンである。改革が本格化する一九九〇年四月は、レーニン生誕一二〇周年と重なり、ウネン紙上には「レーニン主義者的改革」（一九九〇年四月一〇日）、「今日こそレーニンを」（一九九〇年四月二二日）、「レーニンとレーニン主義を守ろう」（一九九〇年六月六日）という文字が躍ることになる。[11] このように、スターリン的な行きすぎた社会主義を批判し、レーニン主義への回帰を叫ぶロジックは、一九五六年二月にソビエト連邦第二〇回共産党大会でフルシチョフが行ったスターリ

写真2−3　市内のディスコ・バーに佇むスターリン像（2005年8月21日撮影）

ン批判のまったくの焼き直しであった。しかし、いかに表面的であろうとも、民族主義に関しては、論理的には人民革命党がそのように主張することは可能であった。

それに対して、宗教を正当化するための論理的モデルは、人民革命党のこれまでの歴史のどこを探しても見つけることはできなかった。そもそも、「宗教」概念そのものとその言説が社会主義によって作り出され、一元的に厳密に管理されていたからである。それゆえ、宗教政策転換のレトリックには、人民革命党のいっそう涙ぐましい努力の跡を読み取ることができる。

❈宗教政策転換と宗教言説

これまでの研究報告や記事では、民主化、脱ソ連化という流れのなかで民族主義政策の転換と宗教政策の転換が区別して論じられたことはほとんどないと言ってよい。宗教政策は、民族主義政策の一部として捉えられることがほとんどだったからである。しかし、宗教政策の転換を正当化する論理は、民族主義に対するものとはかなり異なっていた。それは、反宗教政策が、革命当初から一貫して社会主義の根本的な理念とされてきたからであり、さらには、モンゴルにおける宗教言説が端緒から反宗教政策を通して形成されてきたからである。

そのような困難は、「民族」や「伝統」といった言葉の復権がほぼ達成されていた一九九〇年二月の次のような記事に見て取ることができる。

《旧正月を白い食べ物で祝おう》

モンゴル人がわれわれの祖先から受け継ぎ、すべての家庭、はるか遠い国境近くに冬営している家庭においてさえ、行われてきたお祭りが旧正月である。

冬の最後の月の二九日、すべての家庭は、煙や土、埃をはたき、近所を掃除し、食事を準備してよい馬に捧げ、聖なるたてがみを整え、新しい鞍を出し、オールガ〔馬を捕らえるための輪の紐がついた竿〕の繋ぎ目をつないで、輪を結び、綺麗な着物を着て準備を整え、冬の最後の月の大晦日の夜は、馬乳酒や乳を禁じ、バターを切り分け、ウルム〔乳製品の一種〕を指にすくい、食べ物を整え、焼き菓子や挽肉料理を入れ、五種の贅沢な材料でお茶を沸かし、大晦日の食事を作って、年長者にお茶を入れ、子どもや若者は腹一杯になるまで食べ、縁起の良い話をする。〔中略〕

旧正月の朔日の祭式には、宗教と関係するものは少しも存在しない、祖先より受け継がれ尊重されてきた、名誉ある祭である。

年月が移り変わるうちに、旧正月の祭式のなかの祖先から受け継がれてきた習慣が失われてしまった。近年では、各家庭で旧正月に羊肉を供えるようになった。かつては、我が国のほとんどの地方で羊肉を置くことはなく、仏像が家にある家庭でのみ羊の頭と儀式用肉の一式を置いていたのである。現在は仏像がないのだから、羊肉は必要ない。〔後略、傍点引用者〕

〔ウネン紙一九九〇年二月一八日〕

これは、「正しい旧正月の祝い方」を載せた記事である。民主化以降、このような「正しい」民族的伝統に関するマニュアルは盛んに出版されるようになるが、この記事はそのきわめて早い時期のものであると同時に、党の機関紙に掲載されたいわば公式なものであるとも言える。この記事で注目すべきは、旧正月には宗教的要素が含まれていないことを強調している点である。特に、旧正月に羊肉を準備する習慣が仏教の影響による宗教的なものであり、「祖先より受け継がれてきた」本当の習慣ではないとされるのである。「民族」や「伝統」が肯定されるなかで、「宗教」はそれらと相容れない否定的なものとして語られている。

しかし、このように表面的にではあっても「宗教」を否定し続けることは党にとって困難であった。民主化の勢いに乗って宗教の自由化をも掲げる民主同盟に対抗して、人民革命党が改革の主導権を維持するためには、宗教へと向かう大衆の支持を取り込むことが必要不可欠だったからである。党にとって反宗教政策を根本的に転換させることが切迫した課題となっていた。

宗教政策の最初の転換は、先述したように一九九〇年二月二二日の「いくつかの寺院を復興させることについて」の人民大会議決議に始まる。それによってセレンゲ県のアマルバヤスガラント寺院、ウヴルハンガイ県のエルデネゾー寺院の二つの仏教寺院、およびバヤン＝ウルギー県のイスラームの一つのモスクが宗教活動を再開することを認められる。寺院復興に関する議決に関するインタビューで、宗教評議会委員長のG・アディヤーは次のように答えている。

モンゴル人民共和国人民大会議幹部会が成立させたこの決議は、我が人民政府が、信者および市民の信仰の権利を尊重し、現在の新たな時代状況に信仰の問題を適応させた分かりやすい証左である。

一九八四年から中央の指導的諸機関に信者らから送られてきている請願書のなかには、これらの三寺院における宗教的儀礼の復興が求められてきた。例えば、エルデネゾー、アマルバヤスガラント寺院で法要、礼拝を復興させることについて、信者の署名が記されたいくつかの請願書が届いていた。〔中略〕

前記のような決定を人民大会議幹部会が提出したのは、一つにはこれらのすべての要請にもとづいている。他方で、復興に関して、国が長年にわたって尽力し、何百万トゥグルグも注ぎ込んできた結果、エルデネゾー、アマルバヤスガラント寺院が法要・礼拝の利用に耐えられるようになったことが認められたからである。この二つの寺院を復興・修復する仕事は、現在も続けられている。〔後略〕

〔ウネン紙一九九〇年二月二五日〕

ここで、寺院における宗教活動の復活は、信者多数の要請に応えたものであると同時に、寺院修復を含めた社会主義政府の文化事業の延長線上にあるということが強調されている。この寺院の修復作業とは、建築など「文化財」としての寺院に対するものであり、決して宗教活動の復興を前提としたものではなかった。このような「文化財」としての宗教は、破壊を免れたわずかな寺院が博物館として転用されていたように、社会主義において唯一許された「宗教」の存在形態だった。つまり、党の論理は、宗教活動自体の復興を、それまで自身が行ってきた文化財保護政策に接ぎ木したのである。

寺院を擁護し、寺院との対話を重ねるなど、宗教政策転換の実践面が先行していくなか、四月のモンゴル人民革命党特別大会議の席上で党中央委員会書記長G・オチルバトが、宗教政策について初めての公式見解を表明する。

党は、寺院や宗教に対する関係を見直す必要がある。宗教は当該人民の民族文化の不可分な構成要素である、ということを承認しなければならない。これについて人民革命党が依拠すべき原則は、宗教と寺院の内部の問題に党が干渉することをやめ、人々の信仰する自由を尊重し、信者の宗教的慣習に障害となるような干渉を行わず、彼らを監視したり疑念をもったりせず、彼らの尊厳を辱めるようなことをしないことにある。それと同時に、信心を悪用して他人を苦しめること、宗教を利益獲得のための道具として不誠実に利用することなどと闘い、科学的無宗教プロパガンダを人権と人道主義に即したかたちで行う権限をモンゴル人民革命党に残すことを申し添えておく。〔傍点引用者〕

〔ウネン紙一九九〇年四月一一日〕

図2-1　社会主義時代と宗教政策転換時における「宗教」の位置

文化	民族的なもの	宗教以外（例：モンゴル文字，旧正月）
		宗教（＝仏教＋シャマニズム・イスラーム）
	民族的ではないもの（例：キリル文字）	

G・オチルバト書記長は、信教の自由を尊重する態度を確認しながらも、一方で、あくまで「無宗教論」の立場を崩してはいない。そもそも、社会主義体制自体も憲法では信教の自由を保障していたのであり、この論理自体は社会主義時代とまったく変わっていないと言える。

一方で、「宗教」を積極的に見直す理由として、それが「民族文化の不可分な構成要素である」ということを強調している点は重要である。先述した旧正月の記事では、肯定的な「民族」および「伝統」と否定的な「宗教」は決して相容れないものであったが、ここでは、社会主義としては肯定しえないはずの「宗教」が「民族」の一部となることによって、「見直されるべき」もの、つまり肯定しうるものとなっている（図2-1）。

一九九〇年六月三〇日には首相ゴンガードルジがガンダン寺に赴き、マイダル仏を巡行させる行事に参加すると、政府や地方議会は次々と寺院の復興を支援し始めるなど、人民革命党は仏教の擁護者としての立場をアピールしていく。党の宗教政策をめぐる極端な方針転換は、しばしば人民に対するパフォーマンスではないか、との非難を受けることもあった。モンゴル人民共和国初代大統領のP・オチルバトは、回想録のなかで、「モンゴル国大統領が、いったいどうして信仰、文明の問題に拘泥するに至ったのか。一部の人が批判するように、大統領は宗教を『盾』にして、人々の人気をうるために『演技』しているのではないのか。なぜ仏教文化、宗教や寺院を復活させなければならなかったのか、という質問が出てくる」〔オチルバト 二〇〇一：二七六〕と振り返り、宗教を擁護する理由を次のように述べている。

一、信教の自由を復活させ、人道的道理を復活させるため、
二、仏教はモンゴルの文明にとって重要な要素であるという観点から、
三、以前の悲惨な苦しみにふたたび遭わないように、民衆、信者らを守り、それを保証するため、
四、粛清された大勢の僧侶の神聖な名誉を復活させるため、
五、天地、山水、聖なる自然、人間、豊かな家畜を愛護し、信仰する穏やかな心を清めて、平穏に暮らすため、
六、国家の威光、人々の守護を祈り、平和に生活する安心感を取り戻すため、
七、人々の黒く固くなった心を呼び覚まし、衰退してしまった道徳を清め、正しい方向に向かって悪行と善行を区別できるようにするため、
八、人を敬う素晴らしいしきたりを継承していくために宗教、寺院を復活させ、人々に信教の自由を享受してもらおうと考えたのは、大統領になれば誰もがなすべき責務であっただ

ろう。　　　　　　　　　　　　　［オチルバト 二〇〇一：二七六］

彼は、社会における宗教の道徳的役割を強調すると同時に、二から四の理由には、宗教弾圧の主体であった人民革命党が自らの過去を清算するために、「民族」や「伝統」の一部としての「宗教」＝「仏教」を擁護しなければならないという論理が見られる。

このように、仏教は民主化以降の民族主義と結びつき、独特の政治的扱いを受けることになった。後述するように、一九九三年、仏教は法律によってその優位性が保証された。また、歴代の大統領は、旧正月にはガンダン寺に参詣し、積極的に敬虔な仏教徒であることをアピールしてきた。[12]一九九一年二月一三日の大統領通達では、ソビエトによって持ち去られ不在のままとなっていたガンダン寺の大菩薩像の再建が決定され、それは一九九六年一〇月に完成し、開眼法要が行われた。

「宗教は当該人民の民族文化の不可分な構成要素である」という人民革命党の主張そのものは、宗教政策を転換するときのレトリカルな論理であったとしても、それは党員を含めた大部分の人々の認識と相容れないものではなかった。政権が人民革命党のものであったとしても、民主化勢力のものであったとしても、「宗教」の復興は「民族」の復興の一部として進んでいくものと、ほとんどの国民は考えていたはずである。しかし、民主化から数年も経たないうちに、人々は予期せぬ事態に遭遇することになる。「民族文化の不可分な構成要素」ではない宗教が、法をめぐって論争を巻き起こすことになるのである。

❊法をめぐる宗教論争

一九九二年一月一三日に施行された新憲法は、政治的民主化の一つの到達点であった。そこで、「モンゴル人民共和国」は「モンゴル国」となり、モンゴル政府は完全に社会主義と決別することになる。その新憲法では、第九条において国家と宗教との関係が規定されている。

第一項 モンゴル国においては、国家は宗教を尊重し、宗教は国家に敬譲を払わねばならない。

第二項 国家機関は宗教活動に従事してはならず、また寺院は政治活動に参加してはならない。

第三項 国家と寺院の関係を法律によって調整する。(13)

また、第一四条で信仰による差別の禁止、第一六条で宗教を信仰する/信仰しない自由が明記される。これらの条項は、ほぼ全会一致で採択された。

しかし、これに先立つ一九九一年一二月三〇日の草案審議段階で、第九条に、さらに第四項目として、「モンゴル人民共和国は、仏教の優先的地位を認める。これは国民のうち他の信仰を有する一部の人々が宗教的儀礼を行うことを妨げるものではない」という条項を追加する案が、ガンダン寺管長の人民大会議議員D・チョイジャムツによって提出されていた。支持者は過半数に達したが、二度集票しても規定数に達しなかったため、決議は翌日へと持ち越された。一二月三一日、ふたたび第九条の追加案が審議された。少数派の意見として、Ts・バヤルツォグトは「もし憲法で仏教をこのように優遇するなら、それは国教と見なしたのと同じことである」と反対し、また、K・サイラーンは「われわれカザフ人は民族であるということを憲法に反映させることができなかった。さらに、あなたたちは仏教に優先的地位を与えようとしている。そうなったら宗教間に不平等が生まれる」と主張した。直前に審議されていた公用語をめぐる問題も絡み、カザフ人議員を中心とする根強い反発によって、三度目の採決を試みるも最終的に否決されることになる[アルディーン・エルフ紙 一九九二年一月三日]。

チョイジャムツの主張は、「国民国家制度と歴史・文化の伝統を受け継ぐ民主的社会の建設」という憲法前文の意義を、「民族文化の不可分な構成要素」としての宗教に当てはめたものであった。つまり、第九条の第一項にある「国家は宗教を尊重し、宗教は国家に敬譲を払う」という文言の「宗教」とは、ほぼ仏教のことであると認識された。カザフ人による反発は、マイノリティの「民族」としての主張であった。彼らの主張が受け入れられたのは、カザフ人にとってイスラームが彼らの「民族的な伝統文化」であったからである。

チョイジャムツは最後に、「仏教に関するこの条項の追加は、いずれかの宗教により重い価値を置こうとするものではなかった。多くの側面から考えてみて、この項目を入れるのが正しいと考えたわけである。〔中略〕ともかく、この問題を当該分野の法律においてふたたび話し合う考えがあることを議事録に記していただきたい」〔アルディーン・エルフ紙一九九二年一月三日〕と述べている。

「当該分野の法律」とは、一九九三年一一月一一日に成立した「モンゴル国国家と寺院の関係についての法」(以下「宗教法」と略記)のことである。本法制定に関連して宗教問題に関する諮問委員会の設置準備が、一九九〇年一二月大統領通達「国家と寺院の関係を調整することについて」によって進められ、一九九一年三月大統領通達「大統領直属宗教問題諮問委員会の運営規則」によって運用開始される。一九九〇年一二月の通達では、委員会設置の目的として、国家と宗教の相互的な干渉方法の規定、信教の自由を保障する法律の起草、そのための社会調査の遂行と同時に、正しい伝統にもとづきつつも現在の社会状況に適合した仏教寺院の復興が求められている。その具体的内容には、母語による経典の準備、寺院内部の規律の改善、「宗教の威厳を浄化」するためのすべての僧侶の奮励努力などがあげられている。つまり、憲法と同様、宗教法における「宗教」の内容は、すべて仏教を想定したものであった。

このような意向にそうかたちで宗教法の起草作業は進められた。一九九三年一一月九日、法律成立直前の審議において、チョイジャムツは「個別の寺院や、多様な宗教が広まることを法律で禁じるべきである」という考えを明らかにしている。この提言は、次第に衆目に認知されるようになってきた外国の宗教を視野に入れたものであった。(14) この日の夕方の審議では、外国より故意に宗教が入ってくるような可能性があるため、この問題を法律にどのように反映させるかについて議論された［アルディーン・エルフ紙一九九三年一一月一一日］。

さらに、Ch・ガン＝ウルジーは、ウネン紙上で審議の過程を解説している。「残忍な宗教が存在するため、すべての宗教に平等な自由を付与し、そのすべてを広めるということについては、法律によって制限されるべきではないか」との意見が出され、彼らは、「国家安全保障の観点から」仏教に優先的権利を与えるよう求めた。そして、「市民はすべての宗教を崇拝する権利を有するが、国家がモンゴル人民の和合と文化の数百年に及ぶ歴史を重んじる点からモンゴル国における仏教の優先的地位を重視するべきである」という、憲法に盛り込むことができなかった条項が、ふたたび提案されたのである。これに対して過半数の議員が支持する意向を示した。

より具体的には、モンゴル国において、仏教とイスラーム以外の宗教が入ってきて広まることを、この法律によってどのように調整し、寺院設立の認可をどこから与えるべきかという問題について、きわめて長時間にわたり議論がなされた。そこでは「寺院設立は瑣末な問題ではない。というのも、宗教を通じて反政府的な思想や道徳が入ってくるからである」と、「それ以外」の宗教の流入に対する危機感がはっきりと明かされている。最終的に、寺院設立の許可を厳格な規則によって統制することと、地方議会に宗教団体の認可を発行、取り消しできる権限を与えることが決定された。

宗教法のなかでも、特に宗教の差別化、制限に関係する条項は以下のとおりである。

第四条第二項　国家は、人民の和合、文化的・歴史的伝統を尊重する観点から、モンゴル国における仏教の優先的地位を尊重する。これは、個人が他の宗教を信じることを妨げるものではない。

第四条第四項　モンゴル国民の安全保障を脅かすような場合、国家によって寺院の当該活動を勧告・調整し、必要となれば停止することができる。

第四条第七項　宗教の権威および信者の信心を、政党、政治機関、公務員の利益のために利用すること、ならびに外国からの組織的伝道活動を禁ずる。

第七条第五項　寺院は、その宗教の伝統的規律に則った内部規則に厳格に従い、モンゴル人民の伝統、慣習に反する、非人道的な活動を行ってはならない。

第七条第六項　仏教、イスラーム、シャマニズム以外の宗教が、自身の寺院の外で伝道、宣伝活動を行うことを禁じる。

第八条第二項　政府の管轄する学校・諸機関で宗教の教化や集会を開催することを禁ずる。この指示には、宗教の文化、知識遺産、伝統についての科学的教育は含まれない。

第九条第一項　寺院を設立することについて、市民等が供出した申請書を規約とともに県、首都の議会で審査し、認可を下付するかどうかを決定する。下付された認可をもとにして、法務を司る行政中央機関が寺院を登録する。

第一二条第二項　この国に宣教目的で来た以外の外国市民や無国籍者の宗教宣伝活動を禁ずる。

［ウネン紙一九九三年一一月一八日］

この法律によって、国家による仏教優遇の立場がはっきりと示される。そこには、民主化の過程で形成されてきた「民族文化」の一部としての「宗教」という捉え方が通底していることが分かる。さらに、第七条第五項に見られるように、宗教が「伝統的」であるべきことも前提とされている。第七条第六項では、そのような論理を一貫させるための、カザフ人の伝統としてのイスラーム、仏教以前のモンゴル人の（そして現在でも一部の部族の）伝統としてのシャマニズムに対する配慮も見られるのである。

宗教法が成立すると、すぐさま、民主党議員やキリスト教徒らがその違憲性を主張して憲法裁判所に告訴したため、一九九四年一月一二日には裁判が行われることになった。キリスト教徒による告訴は、驚きをもって受けとめられたようである。アルディーン・エルフ紙は、「訴状のなかでももっとも興味深いのは、ダルハン市のイエス・キリストの信徒たちから提出された、あらゆる宗教の自由の保障についての要望である」［アルディーン・エルフ紙一九九三年一二月一七日］と伝えている[15]。そもそも宗教法が、キリスト教など外国宗教の広がりを視野に入れていたとはいえ、宗教法成立の段階で早くもこのような反応があるとは考えられていなかった。これは、キリスト教徒による最初の政治的意思表明であった[16]。少なくとも、一九九二年の憲法の審議においては、仏教優位の条項に対する主な抵抗勢力はカザフ人であり、キリスト教徒ではなかったのである。
憲法裁判所に提出された要望書、釈明書などによるそれぞれの立場からの主張は以下のとおりである。[17]

キリスト教徒らは、第四条第七項の「外国からの組織的伝道活動の制限」、第四条第八項の「僧侶・聖職者の絶対数、寺院の所在の政府による監視・調整」、第七条第五項の「モンゴル人民の伝統、慣習に反する活動を行ってはならない」という文面、また同第六項の「モンゴル国における仏教、イスラーム、シャマニズム以外の宗教の宣教、教化活動、宣伝を、その宗教の寺院の外で行うことを禁ずること」、第九条第二項の「寺院設立に際する総本山の公式な許可の必要性」、第一二条第二項の「宗教的な目的で来た以外の外国市民の伝道活動の制限」というそれぞれの条項が、憲法による信教の自由、信仰による差別の禁止、および国連の人権宣言の規定に反していると主張する。特に、D・ダシデンデヴは、宗教法の複数の条項が、明らかに「キリスト教徒の自由を束縛し、差別しようとする」意図を含んでいる点を指摘する。さらに、N・アルタンチメグ、B・ツェレンダシらは、件の第四条第二項「政府は、人民の和合、文化的・歴史的伝統を尊重する観点から、モンゴル国における仏教の優先的地位を尊重する」という規定の違憲性を指摘する。その他にも、第八条第二項の「政府の管轄する学校・諸機関で宗教の教化や集会を開催することを禁ずる」などが問題視された。

宗教法起草者側の代表として、宗教問題諮問委員会委員長G・ルハグワスレンは、「外国から宗教が組織的に侵入してきているのは明らかである。これは国の安全保障、人民和合を護るために禁ずるべきである」と述べている。

現大統領で当時民主同盟の国会議員であったTs・エルベグドルジは、「この法律が、ただ国家と寺院の関係のみを調整するものであったなら、議論の必要は生じなかっただろう。本法は、それにとどまらず、基本的人権である信教の自由に関して、調整や制限を加えようとしている点があるため、その複数の規定がモンゴル国憲法に反しているのだ」と主張している。

一方、モンゴル仏教徒センターとガンダン寺は、裁判所に送付した公式文書のなかで、「独立国家モンゴル国の歴史を振り返ったときに、仏教が幾度かにわたって国教であったことは事実であり、この宗教とともに芸術・文化・科学が普及し、何世紀にもわたって受け継がれ、信仰されてきた宗教であることから、国家が何としても尊重しなければならないというのは正論である」と主張している。

以上のように、議論の要点は、宗教間の差別化が「民族の伝統」という観点から正当化できるかどうかという部分にある。一方で、外国宗教を国家安全保障に対する脅威と捉えるルハグワスレンの主張は、仏教擁護の背景にある民族主義と結びついた繊細な対外感情を示している。

憲法裁判所の判決は、宗教法から第七条第六項、第九条第二項、第一二条第二項の削除を命じるものとなった（表2―1）。これらの条項の削除は、信教の自由に対する過剰な規制や、宗教団体への過度の干渉を根拠としている。一方で、第四条第二項・第七項・第八項、第七条第五項、第八

表2-1　憲法裁判所で審議対象となった条項と判決，および判決理由

条項	内容	判決	判決理由
4-2	国家は人民の和合，文化的・歴史的伝統を尊重する観点から，モンゴル国における仏教の優先的地位を尊重する．これは，個人が他の宗教を信じることを妨げるものではない．	合憲	憲法前文における「国民の和合，歴史的・文化的伝統の尊重」，および憲法第9条の「国家は宗教を尊重する」という条項に関連して出された，宣言的性格を有する条項であり合憲．
4-7	宗教の権威および信者の信心を，政党，政治機関，公務員の利益のために利用すること，ならびに外国からの組織的伝道活動を禁ずる．	合憲	国民の和合，安全保障，社会の規律，大衆の健全，モンゴル人民の歴史的伝統・習慣を害する非人道的宗教の本邦に対する布教の制限という意味で，憲法および市民権・統治権に関する国際条約の第18・19条第3項には矛盾しない．
4-8	僧侶・聖職者の絶対数，寺院の所在を国家によって監視し，調整すること．	合憲	モンゴル国憲法第9条第3項に規定された「国家と寺院の関係の法律による調整」の範囲内におさまる問題であるため合憲．
7-5	寺院は，その宗教の伝統的規律に則った内部規則に厳格に従い，モンゴル人民の伝統，慣習に反する，非人道的な活動を行ってはならない．	合憲	
7-6	モンゴル国における仏教，イスラーム，シャマニズム以外の宗教の伝道教化活動，宣伝を，その宗教の寺院の外で行うことを禁ずる．	違憲	寺院がモンゴルに存在しない他の宗教信者の伝道，教化活動，宣伝を行う権利を制限する内容を含む．
8-2	政府の管轄する学校・諸機関で宗教の教化や集会を行うことを禁ずる．ここには，宗教の文化，知識遺産，伝統の科学的教育は含まれない．	合憲	モンゴル国憲法第9条第3項に規定された「国家と寺院の関係の法律による調整」の範囲内におさまる問題であるため合憲．
9-1	寺院の設立について，市民から供出された申請書を規約とともに県，首都の議会が審査し，認可の可否を決定する．下付された認可をもとに，法務を司る行政中央機関が寺院を登録する．	合憲	
9-2	仏教およびイスラームの寺院を設立するとき，モンゴル国における当該宗教の総本山の公式な許可を受けていること．	違憲	宗教機関内部の事情に国家が干渉する内容を含む．
12-2	本邦に宗教機関から宗教伝道の目的で来た以外の外国市民や無国籍者の宗教宣伝活動を禁ずる．	違憲	宗教伝道以外の目的で来ているすべての外国市民・無国籍者の基本的人権および信教・伝道の権利に抵触する内容を含む．
13-2	本法の第3条第5項，第4条第3項，第12条第2項に違反した場合，刑法責任の回避のために，法廷が15,000トゥグルグまでの罰金を課す．	合憲	モンゴル国憲法第9条第3項に規定された「国家と寺院の関係の法律による調整」の範囲内におさまる問題であるため合憲．
13-3	本法の第3条第2項・第3項，第4条第6項・第7項，第7条第5項・第6項・第7項，第8条第2項に違反した場合，刑法責任の回避のために，法廷が5,000～25,000トゥグルグの罰金を課す．	合憲	

条第二項、第九条第一項、第一三条第二項・第三項は審議の対象となりながら削除されなかった。

特に、第四条第二項の維持は、仏教の優遇が「伝統の尊重」という観点でなされるべきであることを再確認し、一方で、第四条第七項の判決理由は、外国から入ってくる宗教が「国民の和合、安全保障、社会の規律、大衆の健全、モンゴル人民の歴史的伝統・習慣」に対する脅威となりうることを認めた。それに対して、第七条第六項の削除は二重の意味をもつ。まず、キリスト教側の主張が認められ、宗教活動に関する差別化の一部が取り除かれたことである。しかし、その反面、「伝統的」な宗教でありながらもイスラームとシャマニズムに対する特権は失われた。つまり、仏教だけの優位性をより際だたせることになったのである。

宗教に対する政府の見解は、憲法起草や法律制定の過程のなかで民族主義的性格を強めていく。[18] しかし、このような傾向は、移行期の宗教言説の延長線上にあると言える。つまり、人民革命党の宗教政策転換は、初期段階から民族主義政策の範疇内で行われ、「宗教」は仏教を想定したものであったが、それは新憲法や宗教法の起草においても同様であった。そのようななかで、キリスト教など外国宗教の登場は青天の霹靂であった。この新たな状況を理解するためには、複数形としての「宗教」を取り扱うための新たな枠組みが必要となったのである。

❊「伝統的宗教」と「非伝統的宗教」

二〇〇一年、国立科学アカデミー宗教研究センターおよびモンゴル国立教育大学より、『宗教

図2−2　移行期宗教言説における「伝統的宗教」と「非伝統的宗教」

文化	民族的なもの	宗教以外（例：モンゴル文字，旧正月）
		伝統的宗教（＝仏教＋シャマニズム・イスラーム）
	民族的ではないもの	非伝統的宗教（＝外国宗教） ←
		宗教以外（例：キリル文字）

学入門』という学生向け教科書が出版される。その第六章第一節は、「伝統的および非伝統的宗教」と題されており、そこで「伝統的宗教」は、「特定の国、民族の社会生活、文化、精神の歴史に長きにわたって存在し、観念、教義、儀礼、価値観、規範が民族の伝統、習慣、文化的価値体系のなかに浸透し、それによってその国、人民の社会的・文化的生活に不可欠な要素、特徴となり、後世へ受け継がれていくものである」と定義され、「非伝統的宗教」は、「歴史的には最近になって形づくられ、観念、教義、儀礼が民族的伝統・文化にそれほど深く浸透していない、多くは外国から入ってきたものである。その国の危機的状況、急激な変化に関係して生じてきた初期においては社会的に大衆の支持、尊敬をそれほど仰いでいない新しい信仰の形態、体系である」[Jambal 2001b: 186]と定義されている(19)（図2−2）。

宗教学者S・ツェデンダンバによれば、「非伝統的宗教」という言葉について、「非信仰的な宗教」「私的な宗教」「叛逆的な宗教」「無思想な宗教」「よその宗教」「新しい宗教」という偏見をともなうイデオロギー化された呼び名がしばしば与えられるが、研究者のあいだでは、中立的な言葉として「非伝統的宗教」を用いることが一般的であるとする［Tsedendamba 1998:44］。そして、「非伝統的宗教」が広まる要因として、古い伝統的宗教が時代に見合わなくなること、「伝統的宗教」から時代に合った新しい分派が出てくること、国際的な文化交流の影響、宗教の多様化などを想定している［Tsedendamba 1998:45-46］。特に、彼が「非伝統的宗教」のモデルとしてあげているのは、ヨーロッパ宗教改革時のプロテスタントである。そして、グローバリゼーションの状況下において、「仏教がモンゴル文化を保存、復興する重要な役割を担っているとすれば、他の新しい諸宗教は、モンゴルへの新たな文化的要素の浸透にとって少なからぬ影響を有している」［ツェデンダンバ 二〇〇七：一四四］と「非伝統的宗教」の社会的機能を説明する。そのうえで、「伝統的宗教」と「非伝統的宗教」の適切な調整の必要性を主張するが、それは彼の大統領府直属宗教諮問委員会の委員（当時）としての実践的立場を反映している。

しかし、「非伝統的宗教」を中立的概念とするツェデンダンバの意図とは裏腹に、「伝統」という価値の重視と仏教擁護の態度は、多くの研究者から看取される。ツェデンダンバが宗教についてのこの類型論を提示したのは、一九九八年に行われた「国家と寺院の関係について——現代」というシンポジウムの席上であったが、そこでは、むしろ「伝統的宗教」の擁護が積極的に叫ばれていた。例えば、モンゴル国立科学アカデミー哲学・社会学・法学研究所所長のG・チョローンバートルは、次のように述べる。

歴史の移り変わりによって、モンゴル文化に伝統的な仏教、イスラームと同時に非伝統的な諸宗教が入ってきたのは現在の確かな事実となっている。一方で、伝統的宗教と非伝統的宗教が現代のモンゴル文化に与えている影響、機能を比較すると違いがあることが分かる。仏教は、モンゴル文化の様式をより強く表現するものであり、モンゴル人がモンゴル人として、現代の他の先進的な文化を受け入れるための素地を継承させる役割をもっている。

[Chuluunbaatar 1998:42]

これらの学術的言説は、政府の宗教政策とも深く関連している。実際、大統領府宗教諮問委員会の委員には宗教学者を中心とする研究者が多く入っていた。シンポジウムの開会の辞は、当時の大統領N・バガバンディによって述べられたが、そこでは「伝統的宗教」を重視する意向がはっきりと示されている。

宗教、寺院に関するわれわれの政策において、モンゴル民族の伝統的宗教の問題は特別な位置を占めるべきである。これについて、民族の安全保障に関する原則、国家と寺院の関係についての法律などが国家の公式文書に明らかに示されている。しかし、伝統的な仏教が、今後も多数派の宗教でいられるか、かならずそうである必要があるか、そうであるための根拠は何か、この基本的根拠を維持するために、寺院や国家はどうするべきか、これらの問いに適切な答えを与え、大衆に宣伝することが重要である。
伝統的宗教と同時に、近年新しく浸透してきた諸宗教は、複雑な問題をわれわれの前に提示した。〔中略〕信教の自由を保障することは否定できない。しかしながら、押しつけによる信仰、本当の信心ではない混迷による信仰、精神的な要求ではなく金品によって人を引きつけるような宗教に対しては、国家は市民の精神的独立を保護することになろう。すべての宗教の教化・宣伝は、民族の安全保障、社会秩序、人々の権利・自由を侵さないために、国家によって監視されるべきであることは、あらゆる意味において正当である。

［Bagabandi 1998:7–8］

「精神的独立」という言葉には、大国に翻弄され続けたモンゴルの歴史に対する深い思いが込められている。学術的言説は政治的言説と密接に連動しながら、両者において「伝統的宗教」と「非伝統的宗教」の二分法が「伝統」に対する価値非中立的な態度に結びつけられていく。

モンゴルにおける宗教研究では、教義・組織・信者・儀礼などが一体となった、実体としての「宗教」が社会においてどのような役割をもっているかを、その宗教が「良い」か「悪い」か、という判断を含めて問題とされることが多い。それは、「宗教」のもつ絶対的な負の機能を強調してきた社会主義の宗教理論の再検討であると同時に、政府あるいは大衆が学界に求めている、宗教についての新しい判断基準の提供でもある。それは、二〇〇四年一二月に行われたシンポジウム「宗教を信じる、あるいは信じない権利、自由」[20]や、二〇〇六年一二月に行われたシンポジウム「モンゴルにおける宗教の現状とその研究」でも積極的に議論された。そこでは、かならず、仏教に「モンゴル民族の伝統を維持させる」役割が担わされ[21]、一方でキリスト教など新しい宗教が「良い」か「悪い」か、それをどこまで許容し、どこまで制限するべきかが検討されていた。

このような学術的言説は、どれほど一般的と言えるだろうか。実際、仏教に対する人々の認識も多様であり、それが「伝統的」であるからといって、そのまま正当なものとして評価しない人も多い。また、家庭で受け継がれてきた多くの祭祀が「宗教」と意識されていない場合があるように、人々のあいだで「宗教」はかならずしも明白なものであるとも限らない。しかし、「宗教」に「伝統的」なものとそうでないものがあり、キリスト教を含めた外国宗教が「非伝統的」であるという認識は、メディアの言説を含め広く流布したものとなっている。当然、その「非伝統的」という言葉は、単に「新しい」という意味ではなく、政治的言説や学術的言説に見られたような、さまざまな意味合いを含んでいる。

そのような言説空間において、「非伝統的宗教」のレッテルを貼られたキリスト教が一部の人々に熱烈に受け入れられるようになったのはなぜなのだろうか。そこには「伝統」という言葉によって仕切られた「民族」の壁を乗り越えることが必須だったはずである。なぜなら、「非伝統的である」という民族主義的な批判は、社会主義体制崩壊後においては、決して軽いものではなかったからである。そのことを理解するために、われわれは彼らにとって「民族」そして「宗教」がどのような意味をもつのかを丁寧に読み解いていく必要がある。

第二節 宗教言説と福音派の位相

❊宣教における「民族」の問題

前節で見てきたように、モンゴルにおける政治的な言説は、社会主義という歴史的呪縛を受けながら、「宗教」を「民族」の一部として強調してきた。さらに、「新しい宗教」の登場という事件は、「宗教」を「伝統的」なものと「非伝統的」なものへ分類していった。ソビエト連邦と中国という二大国に挟まれながら辛うじて独立を維持してきたモンゴルでは、「精神的独立」を維持するための「人民の和合、文化的・歴史的伝統の尊重」という理念は重い。一九九三年九月に開かれた「世界モンゴル民族大会」では、「全世界のモンゴル人へのアピール」として、モンゴル文字という「共通の文字」による連帯の強化とともに、仏教の国教化も言及されている［二木 一九九七：一二三］。そのような連帯の希求は、民族の消滅に対する危機感の裏返しでもある。社会主義体制の解体は、ソビエト式の「国際主義」に対抗する「民族主義」を大きな推進力として進められてきただけに、このような危機感を乗り越えてキリスト教がモンゴルに浸透するには、よほどの困難をともなったのではないかと推測される。[22]

社会の変化にともなってモンゴル人の習慣が変化していくとしても、「モンゴル人として」そのような変化を受容する基盤に仏教があるという理解は[23]、カルムィク人やブリヤート人、内モンゴル人など世界に離散するモンゴル系諸民族がディアスポラによっても仏教を失わなかったという歴史的事実によって補強される。そして、現代においては、わざわざ他の宗教を受け入れなくても、仏教を新たな状況に合わせて変えていけばよいのではないか、という解釈さえ成り立つ。キリスト教がモンゴルに浸透するには、このような「民族」と結びついた「宗教」の理解を、信仰に関するより普遍的な価値基準によって乗り越えなければならなかったのではないだろうか。

この問題は、実際に多くの宣教師が、もっとも大きな障壁として経験してきた。例えば、民主化後の早い時期からモンゴル宣教に関わってきた島村貴牧師は、「モンゴルには、民族意識、特に独立に対する危機的な執着心がある。そのために内部分裂はできるだけ避けなければならない。キリスト教を非難するのは、仏教とキリスト教の対立によって国の統一が崩れるからである。このような見解は、インテリや学生のあいだに特に多い」と述べている[24]。おそらく、モンゴル人が自らの「民族」を捨てなければ、キリスト教を受け入れられないとするならば、その宣教は至難をきわめることになるだろう。人民革命党の宗教言説の文脈では、「非伝統的宗教」を受け入れることは、「民族」の「伝統」を放棄することになるからである。

社会主義政策がいわば一つの鋳型となって、民族主義と結びついた概念や表象を生み出し、それが民主化後の言説を大きく規定していく事例は「宗教」に限らない。例えば、現在では民族主義的表象として盛んに利用される「チンギス・ハーン」も、同様に社会主義によって深く民族主義と結びつけられてきたものであるという興味深い指摘がなされている［島村二〇〇八］。「チンギス・ハーン」は、社会主義時代以前には清朝からの独立時においてさえ民族のアイコンとなることはなかった。しかし、皮肉にも、社会主義の民族主義抑圧が、社会主義自体によって醸成された民族意識と「チンギス・ハーン」とを密接に結びつけていったと島村は言う[25]。現在では、そのような文化資源としての「チンギス・ハーン」が、一つの民族主義の競合の舞台を作り上げている。

「チンギス・ハーン」は、宗教的次元に関わらない限り、福音派と競合することはないが、「民族」と深く結びついた「宗教」は、福音派信徒が民族主義の問題を解決するうえできわめて核心的な問題となった。福音派信徒は、自らの信仰を選び取るために、「民族」を捨てることになったのだろうか。もし捨てていないのであれば、どのような受容の仕方があるのだろうか。

それは、言い換えれば、彼らが「キリスト教」をどのような「宗教」として解釈し、受け入れてきたのかという問題である。「伝統的宗教」だったのか、「非伝統的宗教」だったのか、そのどちらでもないとすれば、いったいどのような「宗教」だったのか。しかし、それに対する福音派の答えは、「キリスト教は宗教ではない」というものであった。

❇「キリスト教は宗教ではない」

モンゴル語で「宗教」という語は「シャシン」(*shashin*)である。一般的に、モンゴルでは「キリスト教」のことを「クリスティーン・シャシン」(*Khristiin shashin*)と呼ぶ。[26] 直訳すれば「キリストの宗教」という意味である。カトリックやモルモン教などはこの呼び方を「キリスト教」にあたる語として受け入れている。例えば、バハイ教の主催で毎年一月に行われる世界宗教デーのイベントでは、「クリスティーン・シャシン」の代表としてカトリック教会が参加している。

しかし、福音派はこの他称を否定する。それは、彼らが自らを「宗教」ではなく、「信仰」あるいは「道」「真理」であり、[27] 神との直接的な「関係」であると主張しているからである。アリオン・ザム教会(当時)のドゥゲルマー牧師は、二〇〇三年四月発行の『マラナタ』(*Maranata*)第二号で、"Christian" という形容詞に該当する言葉として「クリストイトゲルト」(*Khristitgelt*)という言葉を提唱する。これは、「クリスト」と「イトゲル」(つまり信仰)からなる造語である。そこから派生して、「キリスト教」に対しては「クリストイトゲル」(*Khristitgel*)という語があてられ、現在ではこれが福音派の一般的な自称となっている。

「キリスト教は宗教ではない」という認識は福音派の人々に広く受け入れられており、この認識を受け入れることがいまや福音派であることの証しになっている。逆に、このような認識は福音派以外の人々には理解し難いものであり、それゆえに、この認識を受け入れることがキリストの信徒になるための第一歩となるのである。

多くの教会では、日曜礼拝に初めて参加した人々向けのセミナーで、牧師がキリスト教と「宗教」の違いを丁寧に説明する。宗教とは、聖職者が外国語の聖典と厳粛な儀礼を用いて信徒を盲目的に崇拝させるものである。「クリスティーン・シャシン」と一般に呼ばれているものは、福音派にとってはカトリックや福音派以外のキリスト教のことを指す。一方で、「クリストイトゲル」は母語による祈りと教義の合理的な理解を通して直接的に神と関係するものである。そのようにして、福音派とそれ以外の信仰は差別化される。ドゥゲルマー牧師は、「科学、宗教、クリストイトゲル」と題したエッセーのなかで、「宗教」について以下のように説明する。

宗教(*shashin*)という言葉は、サンスクリット語で“shasana”、チベット語で“damba”、モンゴル語で“nom surgaal”という語にあたり、ラテン語の“religio”という語からヨーロッパ方面に広まった言葉である。伝統的なマルクス主義的無神論者の考え方によれば、「神、悪魔、霊魂といった空虚なものを信じることを特徴とする社会の意識形態であり、自然の力を超常的なものとして認識する観念の段階」にすぎなかった。全世界規模では、仏教、イスラーム、キリスト教という三大宗教がある。すべての宗教に普遍的な特徴としては、自身の善行や功徳によって不安を克服し、神を満足させ、特定の個人や人工物あるいは自然の崇拝物を媒介として安寧や天国に至ろう、あるいは良い後世に生まれようと努力したり、信徒の理解でき

ない外国語によって経典の読誦を行ったりすることなどである。
モンゴル国憲法の解説一七―一は、宗教というのは人類に内在し、何千年にもわたって醸成してきた知的文化の価値体系の主要部分であると、的確に規定している。この観点からは、宗教が人類の創造物であることはきわめて明瞭であり、私の考えもまったく同じである。つまり、人間の創造物であることから、多かれ少なかれ、疑わしさや争点が生じ、世界中のあらゆる場所で論争や軋轢を生む。
[Dügermaa 2004:9]

ここで「宗教」について社会主義の定義などを引いているのは興味深い点である。また、「宗教」が人間の創造物であり、神ではなく人間の側に属するものであることが強調される。それゆえ、善行などの努力も、人間的なものであり、それによって現世や来世の良い結果を望むのも宗教的なものである。これは、各教会においても強調される。例えば、バヤンズルフ新約バプテスト教会における牧師の説教では、「良いことをすれば心が清浄になるわけではない。信仰によって心が清浄になり、気持ちに変化が起こり、良い行いをするようになるのである」と説かれていた。(28)
一方、「クリストイトゲル」に対しては、次のように説明している。

クリストイトゲルというのは、聖書が創造者たる永遠の主の完全なる真実の言葉であり、イエスは神の子にしてキリストつまり救済者、われわれの主であること、われわれが原罪のゆえに地獄つまり炎の海に落とされる永遠の苦しみを、自らの命を捧げることによって取り除かれたこと、岩の墓所に葬られたのち死より復活し、さらに天へと昇られたこと、そして、まもなく再来し、すべてを裁く最後の審判者となることを心から信じ、明言することで永遠の喜びの国つまり天国に神とともに永久に暮らすことを信じることである。このような信仰によって人の魂は二度生まれ、新たな生活に入る。〔中略〕私は、かつて究極の真実など存在しないと判断し、それゆえ真実によって生きることに絶望していた大多数の例に漏れず、人間を猿から進化したものであるとする酷い理論を強く信じ、無分別に生きてきた。そのような生と、創造主の似姿から生まれた天の人であるという真実を信じて生き続けることは大きく異なっている。一生涯に二つの生を受けたものとして、間違いを犯している兄弟、友人、隣人、さらにはすべての俗世の人々に向けて驚くべき真実の福音を伝え広めようという願望に、私は導かれたのである。〔後略〕 [Dügermaa 2004:9]

堀内一史は福音派の特徴として、キリストの死の贖罪効果、聖書無謬主義による進化論の否定や、「二度生まれ」体験、福音の社会的拡大に対する強い関心などを指摘しているが〔堀内 二〇〇六：五〇〕、ドゥゲルマーの「クリストイトゲル」の理解には、まさにそのような福音派の特徴が顕著に表れている。彼はまた、「宗教」に見られるような人間的・組織的努力の不完全さを批判しているが、そこには神学も含まれている。つまり、神学の「聖書の思想にいっそう近づこうとするが、

途上にあるがゆえに聖書に反する傾向をもつようになる」可能性を批判し、結局、「哲学や神学によっては、真理の最終的な構図を描くことはまったく不可能である」[Dügermaa 2004:8]として、神学はむしろ科学の「諸理論」に近いものと捉えている(29)。

そこまでの理解をともなうかどうかは別として、「キリスト教が宗教ではない」という言説自体は福音派のキリスト教徒に広く受け入れられている。自らの信仰を「宗教ではない」と主張する言説は、仏教はもちろん、福音派以外の外国宗教にも見られない。仏教は、我こそは真の「伝統的宗教」であると主張し、バハイ教はすべての「宗教」は一つであるとしながら、自身をそのもっとも進んだ段階であると主張する。それゆえ、「宗教ではない」という主張は異色にも思えるが、著しい福音派の成長そのものが、このような解釈が決して無理なものではないことを示している。では、なぜこの言説が福音派のあいだに受け入れられるのだろうか。この問題を読み解くために、この宗教言説に内在する二つの特徴について次に考察してみたい。それは、「宗教」を否定的に捉える考え方そのものと、キリスト教を「宗教ではない」というときの「宗教」の内容である。

❇「宗教」概念のモンゴル的文脈

モンゴルにおいて、「キリスト教は宗教ではない」という言説がいつから一般的になったかをはっきりさせることは難しい。早くは、一九九〇年に聖書教会連合から出版された、初めての現代モンゴル語訳『新約』のなかで、巻末解説に「聖書はユダヤ人の創った宗教の経典ではない」とすでに述べられている。また、現在、ウランバートル市で最大規模の福音派教会であるナイドヴァル教会では、一九九三年の設立当初から「宗教ではない」という説明がなされてきたと言う。[30] 教会設立の頃からの信徒であったアムガラン牧師は、「宗教ではない」とはどういうことか最初は理解できなかったが、まる一週間聖書を学んだのちそれを理解したと言う。[31]

この言説自体は、『新約』の翻訳者であるJ・ギベンスなど外国人宣教師によってモンゴルにも持ち込まれたものである。確かに、アメリカや韓国などモンゴル以外の福音派の一部には、「キリスト教は宗教ではなく、神との関係性である」(Christianity is not religion, but relationship with God)という考え方がある。[32] しかし、モンゴルで活動する宣教師のすべてがこのような認識を共有しているわけではなく、教派や教会によって異なっている。そのため、民主化直後には、キリスト教を「宗教ではない」と主張する教会は限られていたようである。例えば、一九九二年にツェレンによって書かれた『聖書の教えと私の人生』という小冊子のなかでは、キリスト教を表現するときに「宗教」という言葉が用いられている。

「宗教ではない」という認識がより一般化したのは、二〇〇一年か二〇〇二年頃からではないか、とドゥゲルマー牧師は述べている。[33] そこには、一九九五年の連合聖書学校の開校や一九九七年のモンゴル福音同盟(*Mongolyn Evangeliin Evsel* : Mongolian Evangelical Alliance)の設立などといった超教会的な連帯の確立も影響している。

さらに、この言説の定着には、「クリストイトゲルト」という語の考案者であるドゥゲルマー牧師も重要な役割を果たしてきた。彼は、連合聖書学校の教師やキリスト教系放送局イーグルTVのキリスト教顧問、モンゴル福音同盟役員などを歴任し、さらに聖典聖書協会(*Ariun Biches Bibliin Niigemleg*)のメンバーとして聖書の改訳にも関わるなど、特に概念や用語などの問題で強い影響力をもっている。彼は、一九九八年からアリオン・ザム教会の指導者となるが、この教会は宗教法で定める教会登録の申請を行ってこなかった。なぜなら、キリスト教は宗教ではないので、宗教法に従うこと自体が聖書の教えに反していると考えるからである。このように、ドゥゲルマー牧師は対外的にも「宗教ではない」として態度を一貫するよう戒めている[Dügermaa 2004:9]。

しかし、実際には、多くの教会が宗教法人として登録している。特に、宗教法成立時には、キリスト教がモンゴルから排除されるかもしれないという危機感がはるかに強く、主要な教会は仕方なく宗教法にもとづく教会の登録を行っていた。(34) 現在でも、登録しないと活動停止や制限の処分を受けるおそれがある。しかし一方で、制度に対するやむをえぬ対応というだけではなく、ある程度は社会的に「宗教」と認識されてもやむをえない、という他者認識と自己認識のずれも意識されている。それゆえ、「宗教ではない」という言説は、対外的にというよりも、入信者に福音を伝える場面において、より重要な意味をもっている。つまり、「宗教ではない」という認識を受け入れることが、キリスト教への改宗への第一歩となるのである。

ドゥゲルマー牧師によれば、「キリストの宗教」(*Khristiin shashin*)という語を用いる外国人宣教師もいないわけではない。一方、その呼び方に対して積極的に異議を唱えたのはモンゴル人キリスト教徒の方であったと言う。いったい、なぜ「宗教ではない」という言説がモンゴル人によってより強く強調されるようになったのだろうか。

モンゴルの歴史的文脈でこの福音派の言説を考えたとき、まず、それは「宗教」を否定的に捉える点において、社会主義の考え方と共通している。しかし、モンゴル全体として、民主化以降は「宗教の復興」が叫ばれるなかで、「宗教」という言葉自体はかならずしも否定的なニュアンスをともなっていたわけではない。例えば、「国家は宗教を尊重する」という憲法の文言に異議を唱える議員がほとんどいなかったように、一般的にも「宗教」を完全に否定的に捉える人はほとんどいない[35]。「宗教」という語に対する社会主義の否定的な用法を引き継いでいるのは、ほぼ福音派だけと言えるだろう。一方で、福音派の指導者たちは、マルクスやレーニンといった偶像を掲げ、組織的な統制によって人々の心を隷従させるものとして、社会主義を「宗教」に近いものとして否定的に捉えている。

それにもかかわらず、社会主義と福音派のあいだには、「宗教」を否定する態度以外にも類似点がある。福音派の教会では、「細胞集会」(*esiin büleg*)と呼ばれる家庭集会を通して、信徒のあいだの結束が固められ、信仰が強化される。人数が増えるに従い分裂していくため、このような名称がついているが、モンゴルにおいては、その組織形態は社会主義時代の党「細胞」とよく似ている。また、改宗による内的な変化を、「新しい人となって生まれ変わった」と表現する信徒が多いが、この言葉も社会主義が説いた「新しい人間」の創造を連想させる[36]。そして、社会主義はソビエトに対する印象と結びついて「外国」「先進」「近代」を連想させるものであったが、民主化後のキリスト教もまさに同様のイメージと結びついているのである。

また、指導者や信徒のなかには、過去に熱心な社会主義者であった人や、現在でも社会主義者を自認する人も少なくはない。バヤンズルフ新約バプテスト教会の会員で、キリスト教徒向けの書店を経営していた女性は、社会主義とキリスト教の関係について次のように述べる。

社会主義は、宗教のことを空虚なものと説明してきたが、マルクスが、キリスト教徒だったという話をある牧師から聞いたことがあります。マルクスの「宗教は人民のアヘンである」という言葉を、レーニンが誤って利用して宗教を弾圧したのです。しかし、よく考えてみれば、マルクスはキリスト教を批判したわけではありません。なぜなら、キリスト教は「宗教」ではないですから。「宗教は人民のアヘンである」という言葉は、実際、仏教やイスラーム、カトリックなどに当てはめてみれば、正しいことになるのではないでしょうか。(37)

ここで、「マルクス主義の誤解」という解釈が、移行期の人民革命党の言説とまったく共通していることも興味深い。このような類似性が有意なものであるとすれば、社会主義と福音派の関連はどのように捉えられるのだろうか。この点を深めるために、「宗教」という概念が指すものについて考察してみたい。

バヤンズルフ新約バプテスト教会は、アメリカ人を牧師とする一九九九年設立の教会である。指導者の一人は、その設立の時期に入信したが、最初は「宗教ではない」ということが何を意味するか理解できず、聖書を学んでいるうちに徐々に分かってきたと言う。しかし、モンゴル語の「シャシン」と英語の"religion"のあいだにも微妙なニュアンスの違いがあるようだ、とも述べている。[38] 彼はその違いを明確には言葉にすることはできなかったが、そのような「シャシン」特有のニュアンスとは何に由来するのだろうか。

先述のアムガラン牧師は、「宗教」について、『『シャシン』という語自体には問題はないが、『シャシン』が含む儀礼などの内容に問題がある」と説明する。[39] 彼が「問題はない」とするのは、シャシンという語がサンスクリット語起源の仏教用語に由来するからといって、その語自体が罪深いということにはならない、という意味である。そして、「内容に問題がある」というのは、シャシンという語が指す儀礼などの仏教的要素のことである。しかし、「シャシン」という語の由来と内容は完全に別個のものとしてあるわけではなく、以下に見るようにそのニュアンスのなかに絡み合って刻み込まれている。

もともと「シャシン」という語は、「教え」という意味のサンスクリット語"*śāsana*"に由来し、社会主義以前には主に「仏教」だけを指す言葉であった。例えば、社会主義以前のキリスト教やシャマニズム、イスラームには「シャシン」という語は使われていなかった。しかし、一九二四年のモンゴル人民共和国憲法において「レリギヤ」(*religiya*)というロシア語に相当する語として「シャシン」という語が公式に用いられることとなった。

第三条第六項　本邦に属するすべての人の信仰(*shüütekh*)、信念(*itgekh*)に完全なる自由を付与するために、宗教(*shashin*)を政治の問題から切り離し、信教(*shashin shüütleg*)の問題を個々人の信心(*süseg*)によるものとする。

第三条第一一項　本邦に属する民衆を、民族、宗教(*shashin*)、性別によって差別せず、等しい権利を付与させる。

社会主義が反宗教政策を推し進めていくときの本来の意図は、ある種の社会現象を「宗教」という概念によって対象化し、その一般的抽象的理解を通して、それを揚棄することにあった。憲法で示された「宗教」には、仏教だけではなくキリスト教などの外国宗教も想定されている。そのため、社会主義国家の建設とともにプロテスタントの宣教師やロシア正教会も国外に追放されているのである。しかし、そのことによって、かえってモンゴルには仏教という一つの具体的な宗教しか残らないことになった。皮肉なことに、モンゴルでは宗教概念が一般化する機会は失われてしまったのである。このように、モンゴル語の「シャシン」という語は、社会主義の反宗教政策によって、仏教的ニュアンスのきわめて強い概念として形成されてきたのである。結果として、社会主義が説く抽象的な宗教と具体的な宗教のあいだには、ずれが生じることになった。

社会主義の反宗教政策は、人々が日常的に行う天に対する献茶のような、宗教とも単なる習慣ともとれるようなものまでを標的としていた。しかし、一般的には「シャシン」という語は、仏教のイメージと結びついたかなり限定的なニュアンスをもっていたのである。その結果として、人々は一部の宗教的実践を「宗教」ではなく「伝統」あるいは単なる「習慣」として認識していた。例えば、現在でも献茶の習慣などは「宗教」であるとはほとんど認識されていない。一方で、「シャシン」という語がもつニュアンスから、「キリスト教は宗教ではない」という言説は、第一に仏教を想定し、さらに仏教の側にイスラームやシャマニズム、カトリックなどその他の宗教を含み込んでいくようなかたちで、キリスト教の特殊性を差異化させていくのである。それゆえ、対象化された「宗教」の範囲は、人によってかなり異なってくることも考えられる。それは、福音派への改宗にともなって「宗教」と決別するときの様態にも関係してくるが、この点については第三章で詳しく論じる。いずれにせよ、福音派は「宗教」を対象化し、それを乗り越えることによってキリスト教信仰へと至る道を切り開いたが、これは、まさしく社会主義が七〇年をかけて人民に強要しながらも、ほとんど実現できなかった道であった。

一方で、福音派への改宗にともなう「宗教」との決別は、重要な帰結を含んでいる。それは、「宗教ではない」信仰へ至ることによって、「非伝統的宗教」という批判の地平をもすり抜けていくことになったからである。彼らにとっては、キリスト教が「伝統的宗教」であるか「非伝統的宗教」であるかということよりも、「宗教」であるか否かの方が重要になる。このことによって、「民族」

図2-3　福音派における民族的位相と宗教／信仰的位相

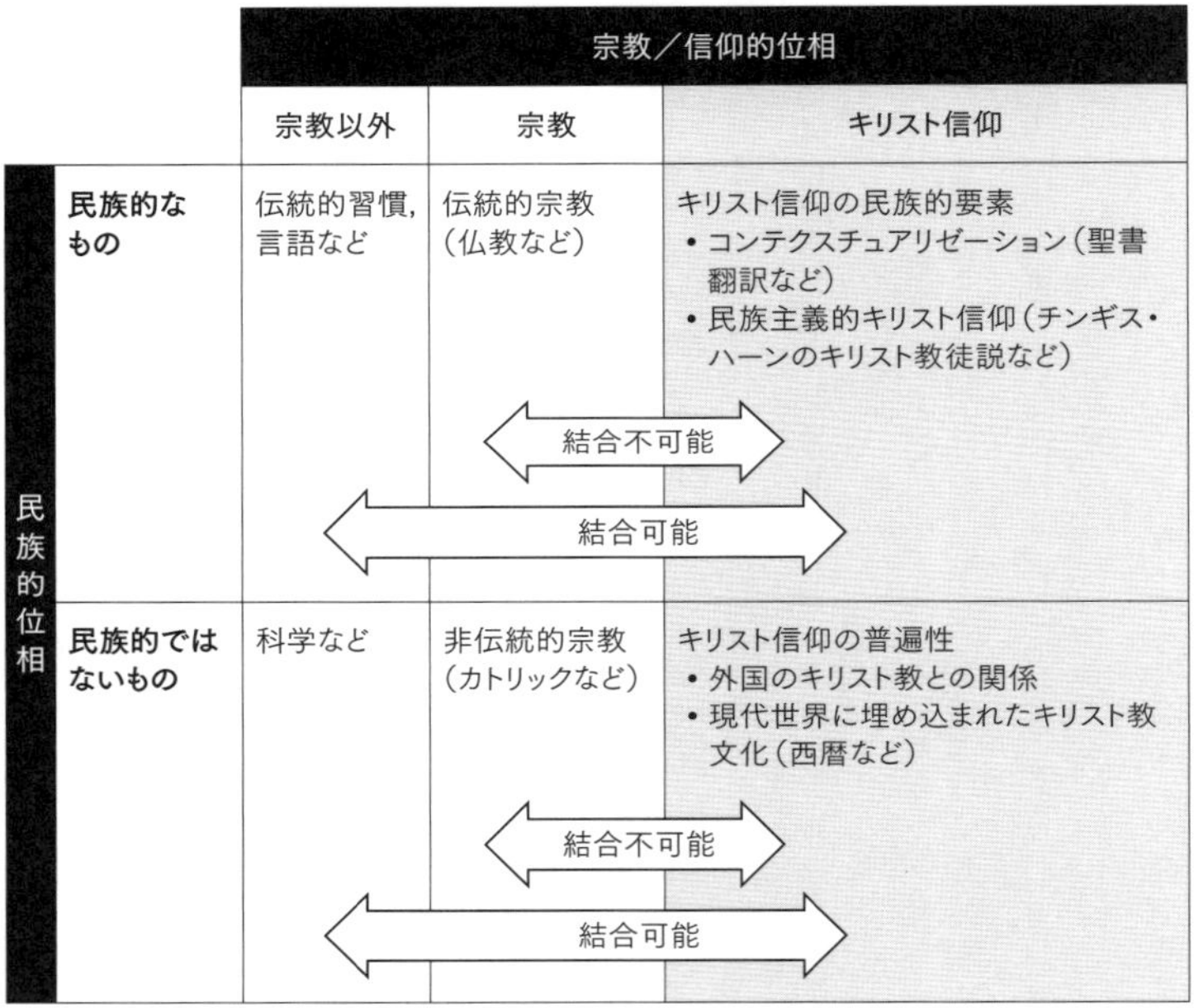

と「信仰」の位相は切り離される（図2-3）。

この二つの位相の分離は、両者を新たなかたちで結びつけることを可能にする。信仰の位相における「宗教」から「キリスト信仰」への越境＝改宗に対して、「民族」の問題はまた別の位相に残されるからである。

それでは、福音派の信徒たちは、彼らにとっての「民族」の問題を、「信仰」に対してどのように位置づけてきたのだろうか。次節では聖書翻訳における「神」の訳語論争をとりあげながら、その問題を考察する。

第三節

「神」の訳語を通して見る福音主義と民族主義の葛藤

✻現代モンゴル語訳聖書における「神」の翻訳論争

モンゴル系言語に翻訳された聖書として現存する最古のものは、モラヴィア同胞団のオランダ人宣教師I・J・シュミットが一八一五年にカルムィク語に翻訳した『マタイによる福音書』である。シュミットはそれをモンゴル語へ翻訳し直し、一八二七年にはモンゴル語の『新約』を刊行する。一方で、ロンドン宣教協会のスコットランド人宣教師E・スタリブラスとW・スワンもシュミットとは別に翻訳を開始し、一八四〇年に『旧約』、一八四六年に『新約』を刊行する。その後、いくつかの改訳と多くの復刻が行われたが、一九五二年に香港で出版されたものを最後に、新たな翻訳は刊行されていなかった。また、それまで出版されたものは縦書きのモンゴル文字による文語的なものであり、キリル文字による現代モンゴル語聖書は翻訳されていなかった。

一九九〇年八月、現代モンゴル語による初めての『新約』が、聖書協会連合(United Bible Society)により香港で出版される(第二版よりモンゴル聖書協会(Bible Society of Mongolia)の発行となるため、以下「BSM版」と略記する)。これは、イギリス人のJ・ギベンスによって一九七〇年代から準備が始められ、民主化とともに実現したものである。モンゴル国における現代キリスト教の歴史は、この

『新約』(*Shine Geree*)の出版とともに始まると言ってよい。そこで、ギベンスは「神」の訳語として「ユルトゥンツィーン・エゼン」(*Yörtöntsiin Ezen*)という新しい熟語を用いている。これは直訳すれば「世界の主」という意味である。一九九二年夏から、キャンパス・クルセード・フォー・クライストによって、映画『ジーザス』の上映が始められるが、そこでもこの語が用いられた。一九九三年までは、福音派による宣教の材料はこの二つに限られていたため[Kemp 2000:505]、一九九〇年代前半のキリスト教は、「ユルトゥンツィーン・エゼン」に対する信仰として展開することになった。「ユルトゥンツィーン・エゼン」は、現在、キリスト教徒の崇拝対象として一般的にも認知されており、テレビ放送などでもキリスト教徒の神を表すときに用いられている。例えば、二〇〇二年九月七日にモンゴル国営放送で放映されたダライ・ラマの演説では、仏教の「仏」に対しては「ボルハン」(*Burkhan*)という語、キリスト教の「神」に対しては「ユルトゥンツィーン・エゼン」と使い分けられていた。

一方で一九九三年末、新しい聖書翻訳の必要を主張する指導者を中心としてモンゴル聖書翻訳委員会(Mongolian Bible Translation Committee, 以下「MBTC」と略記)が設立される。委員会には、長老派、アッセンブリーズ・オブ・ゴッド教団、バプテストなど教派を越えた六人のメンバーが参加し、四人のモンゴル人と二人の外国人宣教師で構成された。彼らは一九九五年五月にヨハネとマルコの福音書を、一九九六年一一月には『聖書新約』(*Bibli Shine Geree*)を出版するが、そこでは「神」は仏教で「仏」を表す言葉と同じ「ボルハン」という語があてられていた。[40] それ以降、モンゴルの福音派では、神は二つの名をもつこととなる。[41] ＭＢＴＣは、二〇〇〇年七月に現代モンゴル語で初めてとなる新旧全訳『聖書』(*Ariun Bibli*)の刊行をもって解散する。[42] その後、ＭＢＴＣ版『聖書』は、二〇〇四年に聖典聖書協会(*Ariun Bichees Bibliin niigemleg*)によって改訂出版され、改訳の作業自体は現在まで継続中である。

現在、モンゴルには、先述の二種類に加え、モンゴル・バヤリーン・メデーという団体の発行による一九九六年の『新約』(*Shine Gerees*)と、[43] 現代モンゴル聖書翻訳連盟による一九九八年の『新約』(*Shine Geree*)、[44] バヤンズルフ新約バプテスト教会(以下「ＢＢＣ」と略記)発行の二〇一四年の『新約』(*Shine Geree*)がある。そのうち、前二者は「神」を「ボルハン」と訳しており、ＢＢＣ版は「シュテーン」(*Shüteen*)と訳している。一般に流布しているのはＭＢＴＣ版とＢＳＭ版であり、ＢＢＣ版はバヤンズルフ新約バプテスト教会とその関係教会で用いられている。[45]

一九九九年発行のモンゴル・キリスト教讃美歌委員会による『讃美歌』においても、主に「ボルハン」が用いられており、出版物では「ユルトゥンツィーン・エゼン」よりも「ボルハン」の方が優勢である。福音派をまとめる連絡会議であるモンゴル福音同盟は、二〇〇〇年一一月に出版された資料中の「信仰告白」に「ユルトゥンツィーン・エゼン」を用いているが[MEE 2000:2–3]、二〇〇一年からは機関誌『エルチ』(*Elch*)上で「ボルハン」を使い始め、その後の出版物、ウェブサイトでは現在まで「ボルハン」を使い続けている。ちなみに、二〇〇一年に『モルモン経』をモンゴル語で出版したモルモン教や、バハイ教など福音派以外の外国宗教はすべて「ボルハン」を採用している。[46] このように、一般的には「神」（God）の訳語としては「ボルハン」が主流となりつつあるが、福音派に関してては、キリスト教系放送局イーグルTVやキャンパス・クルセード・フォー・クライストなどの影響力の強い機関が、現在でも「ユルトゥンツィーン・エゼン」を使用し続けている。

このような「神」の訳語をめぐる問題は大きな論争の種となってきた。特に、MBTC版の新旧全訳『聖書』が二〇〇〇年以降に普及し始めると、BSMのギベンスは危機感を強め、二〇〇一年には「神」の翻訳に関する一つのパンフレットを各教会に向けて配布する。その直後、MBTCのメンバーであったP・エンフ＝アムガランが、その反論を同様に冊子にして各教会に配布している。そこには、それぞれの訳語を採用する根拠が詳細に示されている。以下でそれぞれの要点について見ていきたい。

❇「神」は「仏」ではない

ギベンスは、一九七一年からリーズ市の大学でモンゴル語を学び始める。彼はそこで、モンゴル語の「ボルハン」が〝God〟とぴったり同じ意味ではないことを、モンゴル人留学生との会話のなかから知ることになる。

――私はある日、彼らとともに食事をとるために大学食堂に座っていた。静かにお辞儀をして、食前に神に祈りを捧げた。彼らは私を見て、何をしているのかと私に尋ねた。私はモンゴル語で「私は『ボルハン』に感謝しているのだ」と言った。私は当時、辞書に〝God〟とあるのを「ボルハン」と翻訳していたために、それしか知らなかったのである。彼らは私のこの言葉を頑なに非難して、「『ボルハン』というのはモンゴル人の独自の信仰対象である。だから、あなたはモンゴルの信仰対象に向かって祈りを捧げてはいけない」と言ったのである。つまり、彼らにとっては、「ボルハン」という語は聖書の〝God〟という語とはどうしても一致しない、彼ら自身の民族的な信仰対象の名前であると私は気づいたのだった。

そこで、彼は「神」をどう訳すべきか思案しなければならなくなった。一九七二年から留学のためにモンゴルへ渡ったギベンスは、モンゴル語の教師と議論を重ねるが、やはり「ボルハン」という語が「神」の訳語として適していないという結論に至り、さらに、「テンゲル」(*tenger*)つまり「天」という語も「シャマニズムの崇拝対象である」ことから却下されることになる。彼が「ユルトゥンツィーン・エゼン」という新しい言葉を採用することになった直接的な契機は、S・ニャムスレンの編纂による一九六八年の『英語モンゴル語簡明辞典』(*Angli-Mongol Helnii Towch Toli*)だった。ニャムスレンは、一九六六年頃イギリスに滞在していたが、そこでやはり「神」の訳語が「ボルハン」ではないと思い至ったようである。この辞典には、〝God〟という語の見出しが二つ並べられており、一方は小文字で、他方は大文字で書かれている。

god *burkhan, tenger*
God *Yörtöntsiin Ezen*

おそらくニャムスレンによって最初にあてられたこの訳語を、ギベンスは受け入れることになった。

ギベンスが、「ボルハン」を適さないと考えたより積極的な理由は、キリスト教の神が他の崇拝対象と混同されてしまう可能性を危惧したためであった。そもそも「ボルハン」とは「ブッダ」のことではないのか。だとすれば、キリスト教を仏教と同じようなものとして人々は認識してしまうのではないのだろうか。彼は、ある宣教師の次のような話を載せている。

もし、聖書の翻訳で仏教用語を用いるなら、何年後かにはすべての宗教は同じであるという考え方がはびこり、いくつかの宗教を混同してきわめて面倒くさい問題が生じてくることは疑いようがない。もし、彼らが地方で仏教用語を用いて翻訳した聖書をもっていたとしたら、またそれについて教える教師がいなかったなら、長い時間を経た古代の伝統的崇拝がキリストの教義と混同されるかもしれない。ウランバートルでさえ、宣教師たちがいるにもかかわらず、そのような現象がいくつも生じているのをわれわれは目にし続けている。家にキリストの写真を持ち帰り、仏の祭壇に仏像などと一緒に並べて置いた家庭を私はこの目で見た。キリストの教会に通っている一部のモンゴル人は、先祖を敬い、仏の加護を得るためにイエスに向かっていると私は耳にした。

このようなシンクレティズム（諸教混淆）を回避するために、仏教用語は注意深く選り分けられなければならない。それゆえ、その語源の診断も重要になってくる。ギベンスは、語源論の根拠として仏教の書籍を引用する。

ブッダという語は、他よりも悟った、分かりやすく言えば、理解したという意味をもつ。ブッダはモンゴル語でボルハンという発音になって入ってきた。インドには南方および北方の方言がある。ブッダは南方の方言である。この発音を西欧人が採ったために、世界的にブッダとなった。北方の方言では、Rの文字を発音するため、北方方言はブルハ（*Burkha*）である。このブルハがチベットを経てモンゴル語に入った。そのとき、モンゴル語の名詞を形容詞にするときに用いられるNが入れられ、ボルハンになった。

これは、『ブッダ――教え、ダルマパダ』の一節であるが、それを引用する彼の主張の要点は明確であり、「ボルハン」が「ブッダ」という仏教的語源を有しているという一点にある。[47]同様に、「神」以外にも「悪魔」や「楽園」「罪悪」といった言葉の翻訳も仏教的な語源をもつと考えられるもの

表2-2　各モンゴル語聖書における用語の翻訳

	神	悪霊	楽園	罪
モンゴル聖書協会（BSM）	*Yörtöntsiin Ezen*	*muu yoryn süns*	*Yörtöntsiin Ezenii tsetserleg*	*gem*
モンゴル聖書翻訳委員会（MBTC）	*Burkhan*	*chötgör*	*divaajin*	*nügel*
モンゴル・バヤリーン・メデー	*Burkhan*	*chötgör*	*amgalangiin oron*	*nügel*
現代モンゴル聖書翻訳連盟	*Burkhan*	*chötgör*	*jargalyn oron*	*nügel hilents*
バヤンズルフ新約バプテスト教会（BBC）	*Shüteen*	*chötgör*	*yer busyn tsetserleg*	*gem*

は避けられなければならない。それゆえに、BSM版では「チュトゥグル」(*chötgör*)、「ディヴァージン」(*divaajin*)、「ヌゲル」(*nügel*)という語が意識的に避けられている（表2-2）。彼は、パンフレットのなかでも、「もし、われわれが“God”“heaven”“sin”というような言葉を、仏教用語でボルハン、ディヴァージン、ヌゲルと翻訳したら、それらはユルトゥンツィーン・エゼンと彼の真実の言葉を仏教とかならず混同してしまうと、私は固く信じている」というトム・ショクの言葉を引用している。

❋「神」のコンテクスチュアリゼーション

一方で、MBTCのエンフ＝アムガランのパンフレットは、きわめて多くの論点からギベンスの主張を批判している。まず、「ボルハン」の語源が「ブッダ」であるということについて彼は疑義を唱える。彼の主張によれば、「ボルハン」は、仏教が入ってくる以前のモンゴルに独自の言葉である。

なぜなら、この語をどこかから借りた、あるいは、他の言語における単語の遠縁の形態であると証明する、古代の文献、記述、証拠がまったく存在しないからである。逆に、ボルハンという語はモンゴル語あるいはアルタイ語族の他の言語においても同様に、外来語ではなく、崇拝対象として共有されてきた語である。

ブリヤート、ハルハ・モンゴルでもまた、同じ仏教が入ってくる前にも、ボルハンというのはシャマニズムと関係のある用語であったことは理解できる。少なくとも、著名な『元朝秘史』にチンギスが「ボルカン・カルドゥン」という山を崇め、敬っていることについて記述されている。そのボルハンという語の起源はどこか。〔中略〕ボルハンという語はモンゴル人に関しては、「神(*burkhan*)、崇拝対象(*shüteen*)、つまりdeity」という一般的な意味であり、さらに、シャマニズム的には、「あらゆる姿、像、崇拝対象」であり、仏教がモンゴルに浸透する前にも、このような複合的な意味があったと考えてよい。この語は、本来的にモンゴル語であり、仏教がシャマニズムと混ざり合うかたちでブッダを指す意味をもつようになって変化したとしてよいだろう。

彼のこの主張は、二〇世紀初頭の東洋学者B・ラウファーの見解にそのまま従ったものである。ラウファーは、ボルハンという語について、あらゆる語源論が疑わしいことを指摘したうえで、モンゴル系民族や周辺のテュルク系民族でシャマニズムの崇拝対象に用いられることなどから、"deity" "god" "gods" さらにはその像を指す一般的な概念であるとする。さらに、仏教伝播以前から存在し、仏教が入ってくるときにブッダを表す意味に変化したのではないかと推測する[Laufer 1916:394-395]。しかしながら、社会主義体制が樹立する直前には、少なくとも外モンゴルにおいては、ボルハンはほぼ仏教の崇拝対象だけを指す言葉であり、(48) 日本語の「カミ」のような、より一般的な崇拝対象を指す言葉ではなかった。例えば、地の神は「サヴダグ」(*savdag*)であり、山の神は「オーリーン・エゼン」(*uulyn ezen*)、水の神は「ロス」(*lus*)、天の神は「テンゲル」(*tenger*)、守護神は「サヒオス」(*sakhius*)だった。

芝山豊が指摘するように、これは単純な語源論だけの問題ではない。それは、中国で「用語論争」(Term Question)として議論されてきた同様の問題と深く関係している[Shibayama 1991:7]。柳父章によれば、一九世紀の中国の聖書翻訳において生じてきた「用語論争」は、福音が伝えられるときに、テクストとコンテクストのどちらによるかという二分法によって比較されうる。テクストを重視する立場の翻訳者たちは、"God" という語にできるだけ近いものとして「上帝」という語をあてた。一方で、"God" の訳語としては異教的なニュアンスを強く含んだ「神」という語を採用した、R・モリソンの聖書翻訳に対する考え方は次のようであった。結局、「翻訳者がいかに務めようとも、こういう新しいことばの意味、あるいは同じことだが、古いことばに負わされた新しい意味というものは、原文からではなく翻訳語の側のことばの文脈によって、そのことばで生まれ育った人々によって理解される」［柳父二〇〇一：一一八—一一九］のである。
この対比をモンゴル語訳聖書の論争に当てはめてみると、ギベンスは「ボルハン」という単語そのものを重視しているのに対し、エンフ＝アムガランの主張は、より広い文脈のなかで展開されている。まず、彼は、「モンゴル語に聖書を翻訳する事業は、最近に始まったことではない」として、一九世紀初頭のシュミットによる最初の翻訳を除けば、他のすべての聖書で「神」が「ボルハン」と訳されてきたことを重視する。(49)
彼はさらに、社会主義による歴史的影響についても触れ、社会主義による西洋的教育を受けた後のモンゴル社会においては、言葉そのものの意味も異なっていることを指摘する。

私が示そうとしている考えは、本来の語義、用法が、モンゴルにおいて人民革命が勝利したのちの数十年間のあいだに、どのように変化したかを示すことにある。一九四〇年から一九六〇年といえば、まだ以前の時代の雰囲気を残していた頃である。しかし、現在では、当時の人々もこの世を去り、彼らの思想の産物であるまったく新しい時代の人々が生きている。

具体的な例として、彼は社会主義初期の一九二九年に出版された辞書と、一九六六年に出版された辞書を比較する。前者では「ボルハン」を含んだ言葉には仏教的な語彙しか含まれていないのに対し、後者では「ボルハングイ」(*burkhangüi*, 無神論の)や「ボルハングイチュード」(*burkhangüichüüd*, 無神論者)という語彙が収められている。つまり、社会主義による無神論の影響を受けて、「ボルハン」という言葉の意味は、より抽象的なものに変化したと言うのである。このように言葉の意味は変化していく性質があり、「神」の訳語についてもその可能性を主張するのである。

しかし、実際には、「ボルハングイ」という言葉は、その後ほとんど使われなくなった。現在では「アテイスト」という外来語の方が一般的に用いられる。また、一九四二年の露蒙辞典には、ロシア語の「無神論の」に対して「ボルハングイ」[BMShUKh 1942:17]というモンゴル語があてられているが、一九六五年、一九七〇年の露蒙術語辞典では、「シャシングイ」[Vandui 1965:35; Vandui & Dashdorj 1970:58]という語が用いられている。これは直訳すれば「無神論の」ではなく「無宗教の」という意味である。いまでは、同様に「無神論」に対しては「シャシングイン・ウゼル」(*shashingüin üzel*, 無宗教論)というモンゴル語があてられ、「無神論者」に対しては「シャシングイン・ウゼルテン」(*shashingüin üzelten*, 無宗教論者)があてられるのが一般的である。(50)「無《仏》論」では排除の対象が限定されてしまうため、「無《宗教》論」とした方が訳語としてより自然なのであろう。このことは、「神」の翻訳が、社会主義の「無神論」翻訳の段階からすでにやっかいな問題であったことを示している。ここには、前節で触れた「宗教」概念と同様の問題がある。つまり、「ボルハン」という概念が、より普遍的な信仰対象として捉えられるのか、それとも仏教と深く結びついた具体的なものとしてしか捉えられないか、という問題である。

エンフ＝アムガランは、「ボルハン」という語の抽象的理解の可能性を信じていた。彼は、新約聖書使徒言行録一七章のなかの一節を例にあげ、それを訴える。MBTC版では、当該箇所は以下のように訳されている。

使徒パウロがアテネの人々に向かって述べるには、私が、あなたたちが拝むいろいろなものを見ながら歩いていると、「知られざる神（*burkhan*）に」と刻まれている祭壇を見つけた。それで、あなたたちが知らないにもかかわらず拝んでいるものを、私はあなたたちに対して述べているのだ。世界とそのなかに存在する万物を創造した神（*Burkhan*）は、天と地の主である……〔傍線はエンフ＝アムガランによる強調箇所〕

この翻訳では、異教徒の神とキリスト教の神が同じ「ボルハン」と表現されているために、古い概念を足がかりとして新たな概念を理解することができると主張される。

一方、BSM版では、

……あなたたちの信じている神々をみて、とても信心深いことがわかった。「知られざるボルハンに捧げられた祭壇」と書かれた場所さえも私は見た。いま私は、まさにその知られざる大いなる主についてあなたたちに話そう。世界とそこに存在する万物を創造した偉大なる

力をもつ主とは、ユルトゥンツィーン・エゼンである。〔傍線はエンフ＝アムガランによる強調箇所〕

とあり、これでは、「ボルハン」と「ユルトゥンツィーン・エゼン」という別々のものがただ並べられているだけであり、論理的脈絡が損なわれていると言うのである。異なるものの違いを述べるには、それを関連づけるものが必要となるが、その橋渡しをするのが抽象的な意味での「ボルハン」という概念になる。彼はまた次のように主張する。

コリントの使徒への手紙一八章五―六節に述べられているように、「たとえ天や地に神々（*burkhad*）と呼ばれるものがいて、ある人が多くの神々（*burkhad*）がいると信じているとしても、私たちにとっては、たった一つの神（*Burkhan*）だけが存在する」とあるのは、虚偽であったとしてもこのような〔多くの神々がいるという〕考え方が存在しているということを示しているのである。

キリスト教の神と異教の神は、このように大文字と小文字で区別される。ギベンスが、“God”と“god”を英語で対比させたのに対して、MBTC版の方はモンゴル語で同じ対比を行っているのである。

MBTCのメンバーであった島村貴牧師も、筆者のインタビュー調査において同様の説明を行っている。彼は、「唯一の神」を「他の神々」と対比させるとき、モンゴル語では「ボルハン」以外に適当な語はないと言う。[51] エンフ＝アムガランや島村においては、翻訳は、単に概念をモンゴル語に直すという作業ではなく、そのまま宣教活動であり、新たな概念の理解を通した改宗のプロセスでもあった。このような捉え方は、前述したモリソンの立場に近い。

普遍的なものを個別的な文化の文脈のなかにいかに捉えていくかという問題は、福音派においては、「コンテクスチュアリゼーション」という考え方を通して議論されてきた。これは、一九七四年のローザンヌ世界宣教会議で提唱された概念であり、福音派における伝統的な宣教プロセスのモデルが民族的優越思想を背景にしていたことの反省から生まれてきたものである。尾形守はその特徴を以下のように概説する。

キリスト教の実践についていえば、コンテクスチュアリゼーションは普遍的な神の言葉の本来の意味を変えずに、その言葉を変化しつつある文化様式でもって表現しようとするものである。福音そのものは霊感されているが、それを表現する文化様式はそうではない。そこでコンテクスチュアリゼーションが必要となってくるのである。［尾形 一九八七：五六］

モンゴルにおいては、そのコンテクストとは、まさにモンゴルの宗教史そのものであり、具体的にはさまざまな言葉に埋め込まれた仏教のニュアンスと、社会主義によるそれらへの影響だった。そのような言葉の歴史を前提としながら、コンテクスチュアリゼーションをいかに実現するかという難問が、「神」の翻訳論争に表れているのである。

❊「ボルハン」に込められた民族主義

エンフ＝アムガランの主張のなかで、彼は、ギベンスらの主張を、モンゴル人が抽象的な理解ができない蒙昧な人々だとする蔑視・偏見であると非難している部分がある。

ボルハンという語に関する外国人たち（特に外国の宣教師たち。もともと彼らは、同じ主の信奉者、われわれの兄弟ではなかったのか）の言葉は、神経質に過ぎるのではないかと思われる。外国の学術的に優れた人に比べて、いかに学識に関して劣っているとしても、私はこの大地で生まれ育ち、生まれ故郷の草原の空気を吸い、音韻をこの言葉で舌に吹き込み、稚拙な私の精神も、ただこの言葉、この語によって知識を集め、取り囲む世界と向き合うことになったのではないか。この言葉によって、私は自分を表現し、この言葉で私は世界を知った。誰に教えてもらったわけでもなく、特別な理解、どんな辞書、説明もないままに、モンゴル人の耳に届いたモンゴルの言葉がどのように根づいていくのかを心に感じることが、私にはできる。故郷の広大な草原に探る、モンゴル人の心の調べを、どこか遠い国の人々が感じ、心深く根づかせ、その調べをもって吟じることができるというのか。

彼のこの主張は、「ユルトゥンツィーン・エゼン」という訳語が、主に外国の宣教機関や外国人宣教師により支持されていることを背景としたものである。言葉を理解するうえでのモンゴル的な感性というべきものがここでは強調され、モンゴル語のニュアンスは外国人宣教師には理解できない、という含意さえ感じられる。また、彼の陶酔を帯びた言葉づかいには、モンゴル人としての誇りが織り込まれていることも理解できるだろう。

このような心情は、教会活動に関してもしばしば表面化してくるものである。例えば、「キリスト教徒は、外国との接点や援助をえさに信者を獲得している」という外部の批判に対して、「私の教会は、外国からは一切援助をもらっていない。モンゴル人によるモンゴル人のための教会である」という言葉が誇らしげに語られる。(52) 一部のモンゴル人指導者層には、外国人宣教師の統制を離れて、モンゴル独自の教会を求める志向がある。

このような独立志向についても、現代世界における宣教に内在する根本的な問題として、議論されてきた。福音派のローザンヌ世界宣教会議では、西欧から非キリスト教世界への一方的な押しつけ、という旧来の宣教観に対する反省が、行きすぎたかたちで第三世界の教会における一種の「奇形な独立主義の風潮」や西欧教会のなかの「深い困惑と敗北感」を醸成してきたことが指摘され、西欧教会と第三世界の教会とのあいだに、「正しい形の《パートナーシップ》の確立を目指して不断の努力を積み重ねていかなければならない」〔宇田 一九八七:二二一―二二三〕と宣言されている。

しかし、ここには、単に西欧教会と第三世界の対比だけではなく、「無数の宗教が平等の権利を与えられて共存している、いわゆる多元化社会」において、「キリスト教の絶対性、《キリストのみ》をどう理解して宣教を推し進めていくべきか、という古くて新しい」［宇田 一九八七：二三］根本的問題が潜んでいる。そして、この問題に対する一つの解決策が、神学的な意味での「コンテクスチュアリゼーション」として議論されてきたのである。

当然ながら、この問題は先ほどのエンフ＝アムガランの言葉づかいにも見られるように、民族主義と一定の協調／緊張関係にもある。特に、モンゴルの場合のように、キリスト教が外部から厳しい民族主義的な批判を向けられるなかで、同じレベルで外部に対抗しようとする信徒は民族主義化していく傾向があり、「コンテクスチュアリゼーション」はそこに荷担していく可能性がある。実際、ナラントヤーが指摘するように、「チンギス・ハーンが永遠の天を崇敬していたことから、彼が神の信徒であったという考え方が、キリスト教徒のあいだに広まっている」［Narantuya 2008:101］。このように、モンゴルへのキリスト教の越境は、単なる「受容」としてあるのではなく、積極的・能動的なモンゴル化の動きを含んでいるのである。このような民族主義とキリスト教信仰の新たな結合は、「内容においてプロレタリア的、形式において民族的」というスターリンのテーゼを思い起こさせる。さしずめ福音派に関しては、「内容においてキリスト教的、形式において民族的」とでも言うべきだろうか。

モンゴルの福音派について分析したブライスは、このような結合、特にモンゴルの「宗教的伝統用語」の利用が、モンゴルの福音派を「宗教」に引き戻すものであると主張する。モンゴル人指導者たちは、外国の「宗教」としてのキリスト教をモンゴル人に受け入れさせるために、伝統的な「宗教的権威」(religious authority)を利用しているという解釈である[53][Blythe 2000:181-182]。しかし、ブライス自身がある少女の言葉を引いて述べているように、もしキリスト教が「宗教」になってしまったなら、人々は自分自身の「宗教」を信じることを選び、外国の「宗教」を信じることはしないだろう[Blythe 2000:162]。それは、本章第一節で論じてきたように、モンゴルにおける「宗教」という概念が深く「民族」と結びつけられてきたからである。それゆえ、民族主義とキリスト教信仰の結合には、「信仰」が民族的位相から切り離されていることが前提となる。「信仰」が「民族」に縛られている限り、「民族」を捨てないでキリスト教へ改宗することは不可能だからである。人々は改宗のプロセスで、「宗教」から「信仰」への改宗が「民族」の放棄を意味しないことを改めて認識し、それによって民族的位相と信仰的位相の分離を経験する。外国宗教のなかでも、福音派はモンゴル性を志向する傾向が比較的顕著であるが[54]、それはこのような二つの位相の分離が関わっているとも考えられる。そこで「宗教」や「神」といった概念がいかに重要な役割を果たしているかが、本章において論じてきたことである。

✲「神」は「仏」を越えることができるか

「宗教」との決別という過程は、ほとんどの信徒が改宗過程で意識的に経験する。一方で、「神」

表2-3　“God”の訳として適切なもの（複数回答可）

	一般信徒	教会指導者	聖書学校学生	全体
ボルハン	21.5%	48.1%	52.7%	30.8%
ユルトゥンツィーン・エゼン	60.8%	74.1%	50.9%	60.1%

に対する認識はさまざまである。

エンフ＝アムガランは、「ボルハン」（*burkhan*）の語源が「ブッダ」であるかどうかはあくまで限定的な問題であり、「ボルハン」（*burkhan*）をより抽象的な概念として捉え直すことによって、唯一の「神」、つまり大文字の「ボルハン」（*Burkhan*）に対する正しい信仰が得られると考える。また、そのような理解の仕方によってのみ、仏教や社会主義の歴史を乗り越え、新たな信仰の段階に到達することができると考えていたのである。

では、モンゴルにおける福音派の展開のなかで、「ボルハン」はどれだけ「仏」を乗り越えることができたのだろうか。実際に、キリスト教の一般信徒に尋ねると、「ボルハン」という訳に違和感を覚える信徒は割と多い。彼らは、「ボルハン」という言葉からなんとなく仏教を連想する、と訴える。さらに、筆者が二〇〇四年から二〇〇六年に行ったアンケート調査でも、(55) 一般信徒と教会指導者（教会長老クラス）のあいだで「ユルトゥンツィーン・エゼン」の支持者の方が「ボルハン」の支持者を大きく上回っていた（表2-3）。

このことは、社会主義時代に「宗教」という言葉が強く仏教と結びつけられていったように、「ボルハン」いう語も一般化・抽象化の機会を失い、結果として、その仏教的ニュアンスを拭い去ることが福音派にとっても容易ではなかったことを示している。

一部の指導者は、民主化後まもない段階においては、仏教用語である「ボルハン」を通して「神」を理解することは難しかったが、キリスト教が一般的になってきた今日において、ようやく「ボルハン」を用いても問題がなくなってきたと述べている。しかし、キリスト教と出会ってまもない信徒にとっては、それほど状況が変わっているとも思えない。

一方で、この問題は、教会指導者と一般信徒のあいだの神学的な理解の差を表しているだけではない。多くの一般信徒は、「神」の呼び名がどうであるべきかということに関して、実は常日頃からはっきりとした主張をもっているわけではない。そのため、各教会において、指導者の見解が信徒一般の共通認識となっているわけでもない。例えば、「ボルハン」を忌避し、「シュテーン」という訳語の利用を徹底しているバヤンズルフ新約バプテスト教会においても[56]、一般信徒は『ボルハン』と『ユルトゥンツィーン・エゼン』『シュテーン』のどれを使ってもいい。どれも同じものを指しているのだから」と答えている[57]。

このことは、多くの一般信徒にとって、信仰の感覚が反省的な論理的認識のなかではなく、日常的な実践のなかにあることを表している。しかし、だからこそ、訳語によるニュアンスの違いが非反省的に信徒の宗教実践に影響を及ぼしていく可能性があり、指導者はいっそう繊細になるのである。特に、教会指導者を悩ませるのは、異教的要素が含まれた日常的実践を、「宗教」と「神」の正しい理解を通してどのように排除するかという問題である。

社会主義の反宗教政策のなかで、一部の宗教的実践は、「宗教」ではなく「伝統」や「習慣」であるとレトリカルな解釈を与えられながら、日常的実践のなかに深く埋め込まれてきた。長谷千代子は、中国を例に、政府が定める「文化」の政治で展開される公的言説に完全には飲み込まれない、「寄りそう／隠れる／無視する／矛盾を露呈する／盲点を突く／グローバルな言説へ逃れる、などの『詩的』な実践」が人々によって紡ぎ出されていることを指摘する［長谷 二〇〇七：三三八］。モンゴルにおいても、社会主義の経験のなかで同様な「詩的」実践が生み出されてきたと言えるが、それは課題として福音派指導者たちの前に立ちはだかることになった。しかも、信徒たちは——抵抗ではなく——自ら積極的に信仰を受け入れていくなかで、それを「詩的」実践のなかに織り込んでいこうとするため、さらに複雑な様相を呈することになる。

次章では、一般信徒が福音派の信徒になるときに、より非反省的で実践的なレベルでどのような境界を乗り越えてきたのかについて見ていく。特に、そのために、福音派信徒以外の人々も含めた社会主義から現在に至るまでの宗教的実践が、福音派の信仰に結びつけられていく様態を具体的事例を通して分析したい。

第三章 「宗教」をどう越えるか

ゲルの上座に掲げられた十字架

ゲルの空間には象徴的秩序が埋め込まれている

モンゴル国において外国人がモンゴルの家庭に出入りするようになると、まもなくあることに気づくだろう。それは、家庭によって仏像があるところとないところがある、ということである。また、多くの家庭で故人の遺影が飾られているのを見ることもできる。たいていの日本人であれば、そのこと自体に特に違和感を覚えることはないだろう。つまり、日本でも仏壇がある家庭もあればない家庭もあり、同じように遺影が飾られていることも多いからである。

しかし、わずかでもモンゴルの過去を振り返ってみると、かつてはいまのように仏像を置くことが一般的ではなかったのではないか、と想像される。社会主義時代には宗教は抑圧されており、人々が自らの信仰を表現することは難しかったからである。確かに、いま仏像を家に置いている家庭について調べてみても、そのほとんどは一九九〇年以降、「新たに」そうするようになったようである。一方で、依然として仏像をもたない家もあれば、外国宗教に入信する人もいる。仏像を置いている家庭にしても、そうするようになった時期や契機は一様ではない。つまり、社会主義体制崩壊による宗教の自由化という事態に対する各家庭の反応はきわめて多様である。

本章では、そのような家庭における日常的祭祀の持続と変容を、人々の記憶を通して描き出していく。それによって、人々の日常的実践のなかで、キリスト教への改宗がどのように起きてきたかを明らかにしたい。このような見方は、キリスト教の受容を社会主義の抑圧からの反動とみる一面的な理解を相対化するのみならず、人々の改宗のプロセスにおいて、非反省的な日常的実践に埋め込まれた社会主義の経験と「宗教」に関わる記憶が果たしている役割に改めて光を当てることになる。

第一節　家庭内祭祀の持続と変容

❊二つの宗教史

第一章で論じたように、ポスト社会主義という状況では、人々の日常的実践に埋め込まれた社会主義の経験と、それを変容させる意識的な働きかけのあいだの力学が重要な意味をもつ。福音派への改宗が「宗教」との決別を条件とするものであるとすれば、「改宗」はまさにこのような力学が動的に作用する場となるはずである。そこで、改めて人々の日常的実践としての家庭内祭祀の持続と変容について見ていきたい。

現在、家庭のなかで行われる祭祀はそれほど複雑ではない。それは、社会主義時代、複雑で体系化された意味づけを与える専門家の活動が制限され、人々の実践の形式も単純化してきたからである。しかし、一方で、家庭という限定された空間のなかで、彼らの想いや祈りはわずかな種類の祭祀に凝縮してきたとも言える。日常的な習慣として中心となるのは、お茶や食物を仏や天地などに捧げる祭祀である。さらに、献灯や焼香も特定の日などに行われる。このような祭祀は、現在でも多くの家で実践されている。鈴木とツェデンダンバによる調査〔鈴木 二〇〇七〕によると、[1]回答者の八六・五パーセントがお茶や食物を何らかの対象に捧げている。また、九〇・二パーセントが焼香を行い、七七・八パーセントが献灯を行っている。[2]しかも、献灯については多少ばらつきを見せるものの、幅広い世代で家庭内祭祀を実施していると答えている(表3−1)。

表3−1　世代による家庭内祭祀の実施状況

年齢	お茶や食物の献供	焼香	献灯
−19	86.1%	91.7%	69.4%
20−29	84.6%	88.9%	82.7%
30−39	83.9%	91.9%	67.7%
40−49	87.8%	89.8%	77.6%
50−59	95.7%	91.3%	73.9%
60−69	100.0%	88.9%	88.9%
70−	100.0%	100.0%	100.0%
全体	86.5%	90.2%	77.8%

それに対して、祭祀の実施形態や解釈はきわめて多様である。毎日の祭祀としては、世帯主の妻が朝一番のお茶(乳入りの茶)を沸かすと仏(仏像あるいは仏画)や炉の火の神にそれを捧げ、外に出て天地あるいは聖山に対して捧げる。外でお茶を捧げる場合、本来ツァツァル(*tsatsal*)と呼ばれる特別な匙を用いて、東西南北に向かって回りながら捧げる。信仰の篤い家では、世帯主が毎晩、仏に灯明をともして焼香し、経典や真言を読誦していた。また毎月の祭祀として、旧暦の決まった日を斎日(*matsag barikh ödör*)とし、世帯主が仏に灯明や香などを捧げて祀る。さらに毎年の祭祀として、大晦日と正月(旧暦)に灯明をともし続け、正月一五日以内にラマを呼び招福の法要をしてもらっていた。

屋内にはさまざまな祭祀用具や呪具が置かれる。ゲルの場合、戸口にイタチの毛皮などの魔除けを置き、天井のトーノ（toono）と呼ばれる天窓には神聖な布であるハダグ（khadag）が掛けられる。また、ゲルの中心にある炉はゲルそのものの象徴として崇敬されていた。ゲルを受け継ぐことを「炉（あるい火）を受け継ぐ」と呼び、子どもが独立し新しいゲルを建てる場合には「炉（または火）を分ける」儀礼が行われる。入口から見てゲルのもっとも奥はホイモル（khoimor）と呼ばれ、ゲルのなかでもっとも神聖な場所である。そこには、仏像・仏画やさまざまな祭祀用具（経典、マニ車、香炉、招福袋（dallagyn uut）、供物皿など）が置かれる。上座に置かれる仏は、その世帯主の生年によって決まる守護仏が本尊となり、それを普通は末息子が相続する。遊牧社会では、基本的に、息子が成人すると家畜の一部をもらって次々と独立し、最後に残った息子が親のゲルを相続する（炉を受け継ぐ）が、仏の相続も基本的にはそれに従っていたのである。

上座は、家屋のなかでもっとも象徴的な意味が収斂しているところである。遊牧民の移動式住居であるゲルにおいては、それは入口の対面に位置し、彼らの民俗的方位においては北に当たる。モンゴル語で「東」「西」「南」「北」[3]は、それぞれ「左」「右」「前」「後」と同じ単語で表現されるが、それは上座から入口を見たベクトルを基準としている（図3-1）。つまり、ゲルにおける方位の軸は、そのまま上座にいる者の視線になるのである。例えば、仏像が上座に置かれるとき、それは仏の視線ということになる。それに対して、住人の視線は「南」から「北」、つまりゲルの入口から奥へと注がれる。そのため、上座には鏡やテレビが置かれることになる。「西＝右」は男性の空間であり、「東＝左」は女性の空間となるため、コンロを兼ねたストーブの焚口は、火を管轄する女性の

図3-1　ゲルの空間構成と象徴的秩序

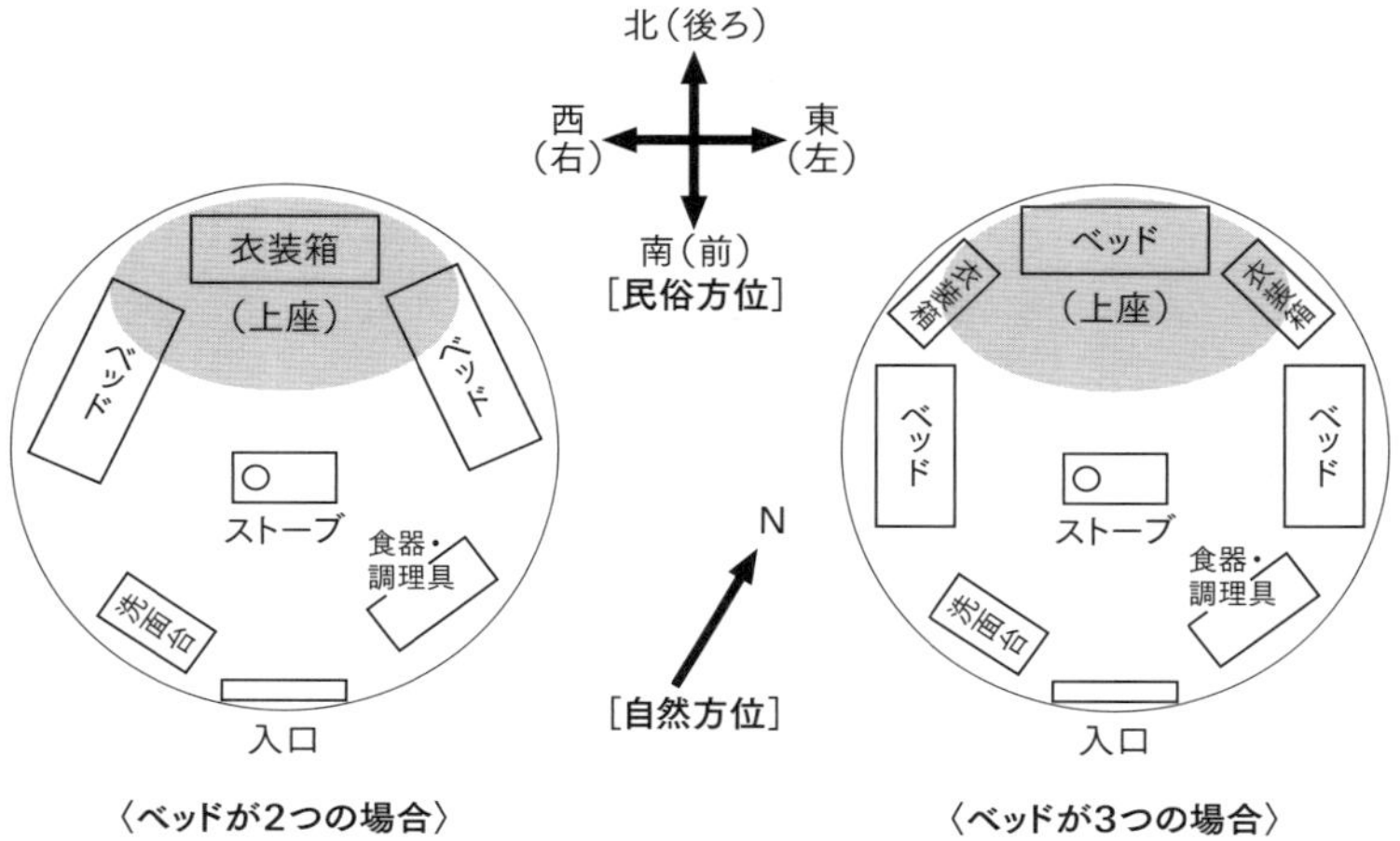

側、つまり「東＝左」に向けて置かれる。このようなゲル内空間の象徴的秩序はきわめて忠実に守られており、それは家庭内祭祀の持続と変容においても重要な基準となってきた［滝澤 二〇〇五］。では、具体的にどのように家庭内祭祀が持続、変容してきたのか、そして、そこにモンゴルがたどってきた社会主義と宗教の記憶がどのように刻み込まれているかを以下で考察する。

一九二四年から一九九〇年の七〇年近くにわたる社会主義時代、モンゴルでは宗教は厳しく統制されてきた。特に、一九三七年を中心に行われた粛清後は、ガンダン寺を除いた公的な場所での宗教活動は厳しく制限された。そのため、オボー祭祀や旧暦による正月のお祝いなどの行事も公然とは行えなくなった。

公的領域からの「宗教」の徹底的な排除に

よって、家庭などの私的領域は一部の制約された習慣を再生産させる場所としてきわめて重要な意味をもってきた(4)。私的領域に隠棲した一部の宗教的実践は、家庭内祭祀として個別的に展開し、そこで多様性を生み出してきた。それは、人々の記憶のなかで宗教に関する個別の歴史として語られることになるのである。

ここでは、筆者が二〇〇四年一月から三月にかけて、ウランバートル市とモンゴル西部ホヴド市で行った家庭内祭祀に関するインタビュー調査を中心に具体的な事例を見ていきたい(表3-2・3-3)。

まず、社会主義時代に獣医を務め、民主化後ウランバートルへ移住してきた一九五一年生まれの男性A(表3-2のNo.13)の話を紹介したい。

父(一八九一年生まれ)はラマ(僧侶)でしたが、一九三七年の粛清時に還俗し牧民として生きてきました。ゲルには、仏像や経典が大量にありましたが、それらをすべて衣装箱のなかに隠して保管していました。父は、その後も毎日、茶を火の神と天と仏とに捧げ、頼まれれば密かに人の家で経典を読誦したりしました。しかし、一九七七年に父が亡くなると、仏や経典、その他の仏具をすべてガンダン寺に預けてしまいました。なぜなら、私は仏を正しい方法で祀ることができないからです。

社会主義時代には、宗教というものはない、それは虚偽であると説かれてきました。しか

	現在所持する仏像について			遺影	献灯	献茶	
	有無・新旧	入手の時期	入手のきっかけ			上座に	屋外に
	無	−	−	有	○	○	○
	新	民主化後	夫の死	有	○	○	?
	新	1986年	退職	無	○	○	○
	旧	−	−	有	×	?	?
	旧	−	−	無	?	○	○
	無	−	−	無	○	×	○
	新	2000年以降	?	有	×	×	○
	無	−	−	無	○	×	○
	無	−	−	有	○	×	○
	新	1970年代と最近	?	有	○	○	○
	無	−	−	有	○	○	○
	無	−	−	無	×	×	×
	新	1995年と1996年	子どもの病気	無	○	○	○
	新	十数年前	?	?	?	○	○
	旧	−	−	有	×	?	?
	無	−	−	無	×	?	?
	旧＋新	?	?	有	×	?	?
	新	最近	夫の死	有	○	○	×
	無	−	−	無	○	×	○
	無	−	−	?	×	×	○
	新	1999年以降	ラマの勧め	無	○	×	○
	無	−	−	無	×	?	?
	新	1983年	結婚	無	○	○	○
	新	民主化後	子どもができなくて	?	○	○	○
	無	−	−	無	×	×	×
	無	−	−	有	○	○	×
	無	−	−	有	×	?	?
	新	1996年頃	家畜の購入	無	○	×	○
	無	−	−	無	×	×	○
	無	−	−	無	○	×	○
	無	−	−	?	×	○	○
	無	−	−	有	○	○	○
	無	−	−	無	×	×	×
	無	−	−	無	×	?	?
	無	−	−	有	○	○	○
	無	−	−	無	○	×	×
	無	−	−	有	×	×	○
	無	−	−	無	○	?	?
	無	−	−	無	○	○	○

表3-2　家庭内祭祀の事例概要(1)（ウランバートル市）

No.	話者生年	話者性別	住居のタイプ	父母の代の仏像について
1	1921	女	ゲル	なかった
2	1925	女	一戸建	1930年代後半に処分
3	1927	男	一戸建	長兄が受け継いだ
4	1930	男	ゲル	話者が受け継いだ
5	1930	女	ゲル	話者が受け継いだ
6	1938	女	ゲル	長兄が受け継いだ
7	1943	女	一戸建	なかった
8	1947	男	一戸建	父の死後1973年に処分
9	1947	男	ゲル	弟が受け継いだ
10	1947	女	一戸建	?
11	1948	女	ゲル	兄弟が受け継いだ
12	1950	男	ゲル	1950年代末に処分
13	1951	男	ゲル	父の死後1977年ガンダン寺に捧げた
14	1951	女	ゲル	?
15	1952	女	一戸建	話者が受け継いだ
16	1956	男	ゲル	革命時に廃棄
17	1956	男	一戸建	?
18	1959	女	一戸建	?
19	1960	男	ゲル	なかった
20	1961	女	一戸建	弟が受け継いだ
21	1962	女	ゲル	なかった
22	1963	男	ゲル	?
23	1964	男	ゲル	?
24	1964	女	一戸建	?
25	1965	男	ゲル	なかった
26	1965	女	一戸建	いまも父母の家にある
27	1965	女	ゲル	キリスト教に改宗後ガンダン寺に捧げた
28	1967	女	ゲル	?
29	1970	男	ゲル	いまも父母の家にある
30	1971	男	ゲル	伯父が受け継いだ
31	1972	男	ゲル	?
32	1974	男	ゲル	なかった
33	1974	女	一戸建	行方不明になった
34	1974	男	ゲル	なかった
35	1974	男	ゲル	話者の生前に廃棄
36	1975	男	一戸建	なかった
37	1976	男	ゲル	なかった
38	1977	男	一戸建	なかった
39	1978	女	ゲル	いまも田舎にある

表3-3　家庭内祭祀の事例概要(2)（ホウド市）

No.	話者生年	話者性別	住居のタイプ	父母の代の仏像について	現在所持する仏像について			遺影	献灯	献茶	
					有無・新旧	入手の時期	入手のきっかけ			上座に	屋外に
40	1929	男	ゲル	1954年に処分	無	－	－	無	○	×	○
41	1931	女	ゲル	話者が受け継いだ	旧	－	－	有	○	○	○
42	1934	男	ゲル	話者が受け継いだ	旧	－	－	有	○	○	○
43	1935	女	ゲル	末弟が受け継いだ	新	民主化後	？	有	○	○	○
44	1942	男	ゲル	話者が受け継いだ	旧	－	－	有	○	○	○
45	1951	男	ゲル	？	新	民主化後	？	無	×	○	○
46	1951	女	ゲル	なかった	新	1979年	？	有	○	○	○
47	1952	男	一戸建	？	新	民主化後	？	有	？	？	？
48	1952	女	ゲル	76年頃に処分	新	民主化後	？	無	○	○	○
49	1954	男	ゲル	？	無	－	－	？	？	？	？
50	1962	男	ゲル	なかった	無	－	－	無	×	×	×
51	1965	男	ゲル	なかった	無	－	－	有	○	○	○
52	1974	女	ゲル	？	無	－	－	有	○	×	○
53	1974	男	ゲル	？	無	－	－	無	○	？	？
54	1974	男	ゲル	いまも父母の家にある	無	－	－	有	○	○	○

＊1　現在所持する仏像について，
「旧」は父母から受け継いだ仏，「新」は自分で手に入れた仏があることを表す．
＊2　話者7，12，20，25，27，39はキリスト教徒である．
＊3　すべての情報は，2004年1～3月に行った調査時点のものである．

し、革命に勝利してから七〇年ものあいだ、世代が替わっても仏教というものが受け継がれてきました。隠れて、心のなかで仏に向かい、祈ってきたのです。とはいっても、宗教の儀礼や習慣からは遠ざかっていました。

民主化に勝利すると、人々の頭のなかにしまわれてしまっていたイデオロギーという箱は開かれ、その領域は無限に拡がりました。そして、新たに仏教というものが拡がってきたのです。かつての仏教の土台の上に拡がったわけですが、しかし「新たに」です。それゆえ、一部でとても暗い無知な信仰が拡がってきています。何千年と伝えられてきたものが社会主義により断絶され、さらにそれを新たに発展させようとしたときには、間違いや矛盾を含んだものが外から忍び寄ってくるのでしょう。一般に、ずるく金儲けをしようとしているラマが多いのです。彼らは、仏教について一般的な知識さえももっていません。故郷の方でも寺院が復活しているらしいのですが、自分は信用していません。ガンダン寺にだけは民主化後も通っていますが、それはガンダン寺が唯一、社会主義以前の仏教を残している場所だからです。

民主化後、二つの仏画を入手しました（写真3–1）。一つは一九九五年に社会主義以前はラマだったという老人に描いてもらったもので、もう一つは一九九六年にガンダン寺で買ってきたものです。この二つの仏画は、当時子どもが病気になり、近代医療ではどうしようもなくなったときに求めたものです。しかし、私はどんな宗教も信じているわけではないのです。

少し仏教寄りの面はありますが、信じているとは言えません。それでも、仏教の歴史、釈迦の伝記その他については、ラマたちよりいくらかよく知っていると思います。それは父がラマだったからでしょう。(5)

写真3-1　男性A家の上座に祀られる仏画

ここで、男性Aは二つのレベルで仏教の歴史を語っている。一つは、社会主義時代に弾圧され民主化後に新たに展開してきた教団レベルのものであり、もう一つは、父親へとつながる家庭レベルのものである。話者は、新たに展開してきた教団としての仏教を、不完全なものとして否定的に見ている。話者の民主化に関する歴史認識自体は、社会主義体制の崩壊によって獣医という地位を失い、首都への移住を余儀なくされたにもかかわらず、かならずしも否定的なものではない。社会主義時代を懐古しつつも、グローバル化や市場経済化といった現在の趨勢は仕方がないものであると考えている。そのような状況のなかで精神的支柱として拠り所とされるのは、家庭における父親の実践に結びついた「かつての仏教」のイメージなのである。彼は、「かつての仏教」につながるものとして、ガンダン寺だけに信頼を置いている。そして、教団と家庭という仏教の二つの歴史は、ガンダン寺という媒体と子どもの病気という契機によって結び合わされることになる。このような歴史認識と結びついた自律的・主体的な仏教との関わりは、民主化後の人々の信仰生活における一つの典型例となっている。

一方、宗教団体にとっては、そのような個別的な人々の世界観や日常的実践をいかに取り込むかが大きな課題となってきた。そのような意味で、モンゴルにおける現在の宗教状況は、公的領域つまり家庭の外における信仰の複雑な再編成過程と見ることができる。しかも、その領域は飛躍的にグローバルな広がりをもつようになったのである。

❊仏像の喪失

家庭内祭祀の個別化と多様化を考えるうえで、仏像の有無は重要な問題である。特に、祭祀の持続に対して仏像の存在が果たしている役割は大きい。社会主義時代にも多くの世帯が仏像を秘かに所持しており、一九七〇年代後半に行われた社会調査の報告によると、その割合は全回答者の一七・九パーセントに上る［Vandangombo 1985:47］。当然、仏像の所持を公言できない時代の話であり、実際の割合がこれよりも高くなっていたことは確かであろう。また、この割合は、分母であるモンゴルの人口の二〇世紀における増加を考慮すれば、決して低い値ではない(6)。また、遊牧民にとって、仏像を所持するということが、移動のたびに丁重に持ち運ぶことであるということも考慮する必要がある。

一方で、仏像を所持する世帯の割合が減ってきたことも事実であるが、それには二つの主要な契機があった。それは、反宗教政策による積極的な廃棄と、子どもが独立するときに親から仏を受け継がないことによる消極的な廃棄である。一九二〇年代生まれの人々からは、粛清時にあわてて仏像や仏具を山のなかに隠し、そのまま行方が分からなくなってしまった、というような話をよく耳にする。しかし一方で、粛清後も家庭内で隠しもち続けていた例は少なくない。その場合、仏像を手放す契機となるのが父母の死である。

前述の男性Aの場合も、一九七七年の父の死をきっかけに仏像を手放したが、それは「正しい方法で仏を祀ることができないなら、仏像をもってはいけない」という理由であった。

次は一九四七年生まれの男性B（表3-2のNo.8）の例である。

私の父は子どもの頃ラマだったので、家には多くの仏像や経典、仏具があり、社会主義時代も隠しもっていました。しかし、私たちの世代は、もう宗教や信仰のことについてはよく知りません。一九六九年一二月に私の父は亡くなり、父の仏は長兄が受け継ぎましたが、その後、兄の体の具合が悪化しました。ラマに尋ねると、「仏たちが祀られなくて怒っているのだ。祀ることができる人がいないのならば必要ない。私が引き取って燃やしてあげよう」

――と言うので、ラマに渡し、読経してもらって燃やしてしまいました。[7]

この場合も父の死を契機に仏像を処分するが、「祀られなくなった仏が怒る」という崇りに似た認識がもたれている。このような考え方はしばしば聞かれる。例えば、一九四二年生まれの男性C(表3-3のNo.44)は、次のように述べる。

父が二〇〇三年一一月に亡くなったとき、その仏を兄が受け継ぎました。ところがその後、兄の子どもが交通事故で死んだのです。そのとき、これはうちでずっと祀ってきたものだから、末息子の私が受け取るのが一番いいということになった。それで、いまでは、私の家庭で仏画や仏具を引き取ったのです[8](写真3-2)。

写真3-2　男性C家の仏壇

この事例では、兄の家庭の不幸が、仏が本来祀られるべきところで祀られなかったことによる、と理解されていた。しばしば祟りのような観念をともなう、このような「仏像は祀られるべき人に祀られなければならない」、「祀ることができない人がもってはいけない」という考え方が、いつから一般的になったかは定かではない。しかし、仏像を処分しなくてはならなくなった社会主義時代に、その一つの「言い訳」として特別な意味をもつようになってきたことは確かである。そして、そのような「言い訳」が、現在でも仏像をもたないことに対する積極的な理由となっていることの意義は大きい。男性Aの場合には、このような理解が、「ちゃんと祀れないのに寺院にいるラマたち」という仏教の現状に対する批判と表裏をなしているとも言える。

※家庭内祭祀変容の諸要因

近親者の死は家庭から仏像がなくなっていく契機となっていたが、一方で人々を宗教へと向かわせる契機ともなっていた。旧ソビエト連邦諸国とモンゴルで行ったインタビュー調査をもとに、人々の宗教的体験について分析した社会人類学者のルイスは、ポスト社会主義諸国において「超自然的」あるいは「宗教的」な体験が、人々をふたたび宗教へ向かわせる契機となってきたことを細かく実証している。そこには、近親者の死など人生における深刻な体験も含まれている。彼はモンゴルについての事例もいくつか紹介しているが、そこでは、まったく宗教に関心をもっていなかった人々が、死別やそれにともなう「虫の知らせ」のような不思議な体験をきっかけに寺院に通ったり、仏像を置いたりするようになる事例を紹介している［Lewis 2000:111–112］。

筆者のインタビュー調査によると、人々が近親者の死を契機として家庭内祭祀を復活させるときに、しばしば社会主義時代にも密かに存在し続けたラマ（あるいは元ラマ）が重要な役割を果たしていた。特に人の死に際して、人々はラマのところに行き、故人の生年や亡くなった時間をラマに告げ、埋葬の日取りや埋葬地を決めてもらう習慣がある。そのようなとき、誰がそれを占うためのアルタン・ハイルツァグという経典をもっており、誰が占うことができるか、ということを多くの人は分かっていたと言う。また、近くにいない場合にも電話でウランバートルに住んでいる親戚や知人に頼んで、ガンダン寺に行って聞いてもらうことも行われた。鈴木とツェデンダンバが行った調査［鈴木 二〇〇七］では、民主化以前と以降を通じて、かなり高い割合で葬送時にラマにアルタン・ハイルツァグを見てもらっている（表3-4）。

表3-4　葬儀の際にアルタン・ハイルツァグを見てもらったかどうか

葬儀の時期	見てもらった		見てもらわなかった		合計
1940–1949	1	100.0%	0	0.0%	1
1950–1959	3	100.0%	0	0.0%	3
1960–1969	3	75.0%	1	25.0%	4
1970–1979	7	87.5%	1	12.5%	8
1980–1989	32	86.5%	5	13.5%	37
1990–1999	120	89.6%	14	10.4%	134
2000–	140	78.2%	39	21.8%	179
合計	306	83.6%	60	16.4%	366

＊個票データより算出.

公的な領域から宗教が排除されていくなかで、祭祀そのものが再生産される場は、家庭など私的な領域へと囲い込まれていくことになるが、一方で私的な領域同士をつなぎあわせていくものとして、このようなラマの活動が見え隠れするのである。

近親者の死は、人々をラマや寺院に向かわせる契機となってきたが、そのとき祭祀が復活するためのツールとして具体的な役割を果たしたのは仏像や故人の遺影だった。民主化以降では、死別の後で仏像を新たに手に入れる家庭も一般的になるが、社会主義時代には遺影が重要な役割を果たしていた。当時は、まだ新たに仏像を手に入れることは容易ではなかったからである。

例えば、一九二一年生まれの女性D（表3-2のNo.1）は、一九七七年に夫を亡くしたが、そのとき写真をもとにして遺影の絵を描いてもらった（写真3-3）。それ以降、遺影に対して献茶、焼香、献灯を毎日行ってきた。社会主義時代も、これらの祭祀を行うことに問題はなかったと言う。なぜなら仏像ではないからである。話者自身は仏教徒でもなかったので、仏像は必要ないと言う(9)。

仏像を公然と祀ることができるようになった民主化以降も、遺影は祭祀対象として重要な意味を持ち続けている。例えば、一九二五年生まれの女性E（表3-2のNo.2）の父は有名なラマで、家には多くの仏像があった。しかし、一九三〇年代の大粛清時に、山のなかに隠したまま見つからなくなってしまった。社会主義時代には父は医師をしており、家庭で特に祭祀を行うことはなかった。民主化後、夫が亡くなったときに仏画と遺影を置くようになり、それに対して毎日、献茶や焼香を行っている(10)（写真3-4）。また、別の一九五九年生まれの女性F（表3-2のNo.18）も、最近の夫の死をきっかけに仏画と遺影を置くようになった。彼女は遺影に対して毎朝お茶を、旧正月や清明節（*nakhia neekh ödör*）には灯明を捧げる。[11] どちらの事例についても、仏画よりも遺影の祭祀が優先されている。

写真3-3　女性D家の遺影

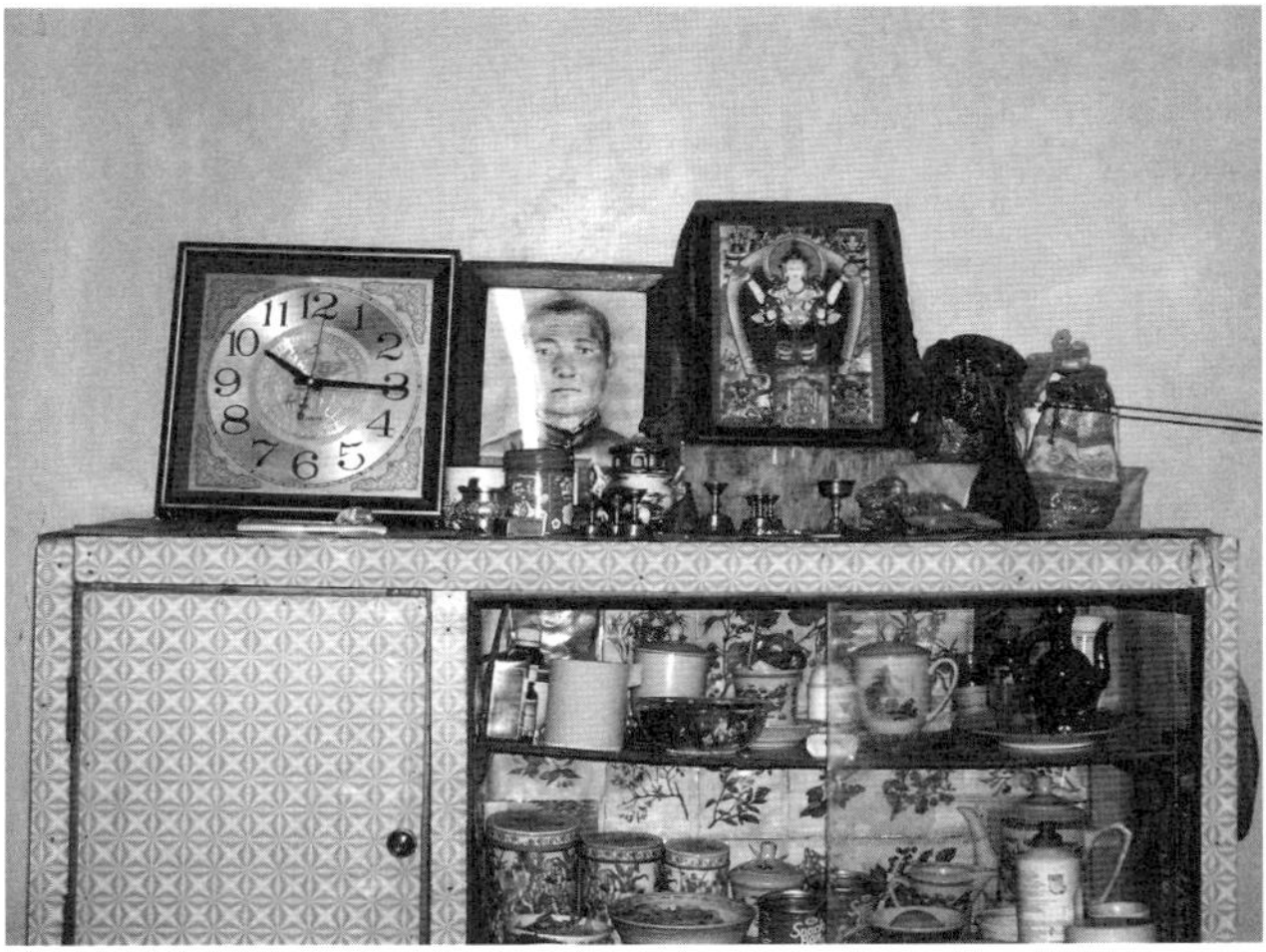

写真3-4　女性E家の遺影

上座には遺影以外にも、多くの写真が入った額縁が飾られることが多いが、遺影はそれとは別に独立して置かれている。また、遺影は絵で描かれることも多いが、ほとんどは写真をもとに描かれたものである。写真ではなくわざわざ絵にする理由については詳《つまび》らかでないが、女性Dによれば遺影のための絵を専門に描く人がいたと言う。ともあれ遺影を置く習慣が成立したのは、写真が一般の家庭に普及する一九四〇～五〇年代以降であろうと考えられる。時期的にも、仏像が失われていくなかで、遺影が代わりに家庭内祭祀を維持させる重要なツールとなってきたことは確かである。

しかし他方で、祭祀対象が仏像であるか遺影であるかによって、祭祀のニュアンスは大きく異なってくる。遺影に献茶などが行われる場合には、故人に対して供えているという感覚がはっきりとともなってくるからである。(12) 例えば、次は一九四七年生まれの男性G（表3-2のNo.9）の話である。

父は仏をもっていましたが、それは弟が受け継ぎました。本来、長男の私が受け継ぐべきですが、父が亡くなったとき、弟が父のもとにいたからです。私は、仏を受け継ぎませんでしたが、新たに手に入れることもしませんでした。なぜなら、宗教をそれほど信じていなかったからです。私は人民革命党の党員だったので信じてはいけなかったし、実際それほど信じてはいないのです。

父が一九八五年に他界してから、遺影の前に毎日お茶と灯明を捧げます。いまある遺影は、一九七〇年代に撮ったものです。母は私が幼いときに亡くなり、当時は写真を撮ってもらうことは稀だったため、残念ながら遺影はありません。灯明は本来、仏に対して捧げるものですが、私のところに仏はありません。私たちにとって仏は、私の父なのです。(13)

この例からも分かるように、仏像ではなく遺影が祭祀対象になることによって、明らかに仏教的なニュアンスは大きく失われている。そして、男性Gの場合、自分は宗教を信じていないと認識しており、献茶などの祭祀自体についても宗教的なものであるとは考えていないのである。

❊家庭内祭祀の自律性

祭祀が仏教的ニュアンスから自由になると、より私的な関心と結びついて自律的なものへと変わっていくことが考えられる。例えば、一九三八年生まれの女性H（表3-2のNo.6）は、祭祀の仏教的な要素を取り込みつつも、教団との関わりをほとんどもたないまま家庭内祭祀を維持していた。

私の父母は仏を信仰していましたが、その仏は長兄が受け継ぎました。私自身は、熱心な人民革命党の党員でしたので、家に仏像もなければ、宗教のことも僧侶のこともよく分かりません。現在でも寺院に行くことはほとんどありません。ガンダン寺の僧侶なども、ろくに仏を祀ることができないのではないでしょうか。しかし、家に仏器はあります。それで旧暦の九、一九、二九日と旧正月の三が日に灯明を捧げるのです。灯明は本来、仏に捧げるものですが、私は父母や亡くなった年長者に対して捧げています。灯明を捧げることは、功徳を積むことにもなるのです。それから、ウランバートルの四つの聖山に献茶を行います。しかし、心のなかでは故郷を思いながら捧げるのです。(14)

この事例において、献茶や献灯などは当然行うものだという広く共有された認識にもとづいていると思われるが、その行為の意味づけは曖昧で、仏教的なものであるという意識は希薄である。何よりも自身を宗教的であるとは考えておらず、そのような行為を維持させる直接的な動機は、(遺影という媒体はないが)亡き父母に対する想いや郷愁であると表現されている。そこには、仏器の利用や、「功徳を積む」という表現のような仏教的要素が埋め込まれているが、それらは非反省的な日常的実践のなかにあってほとんど明確には意識されていない。

祭祀の空間的秩序に目を向けてみると、上座は、仏像や仏具が置かれることによって、あるいはさまざまな祭祀の実施によって自らの聖性を再生産させてきた。仏像(仏画)の所持は世代が下るに従い、確実に少なくなるが、(15)仏像のない場合でも上座に置かれた遺影に対して、あるいは何もない上座に対しても献茶や焼香が行われる。それは、上座の象徴的聖性の再生産が、家庭内における祭祀の持続において少なからぬ影響力を保っているからである。おそらく、教義によって理論づけされた複雑な儀礼より、献茶や献灯といった意味づけもあいまいな単純な習慣の方が、論理的に説得し、排除することは困難であった。そのような習慣は、死者への想いといった素朴な感情と深く結びついている。単純な祭祀の持続を軸としながら、仏像や仏具など祭祀用具の有無や祭祀自体の意味づけの変化が、家庭内祭祀の多様性を生み出しており、その多様性は家庭内祭祀の自律的傾向とも深く結びついているのである。

一九三〇年代後半の大粛清によって組織としての仏教は壊滅しても、公的領域から排除された「宗教」が私的領域に隠棲していることに社会主義政府は気づいていた。社会主義者たちは、それを「宗教の残滓」(*shashny üldegdel*)と呼んで対象化してきたが、それを排除するための方策は、もっぱら宣伝や教育を通じた無宗教プロパガンダだけであった。一九七四年一月二八日、人民革命党中央委員会政治局によって「科学的無宗教プロパガンダを強化することについて」の決議が採択される。そこでは、「宗教の残滓」として、「斎日に物忌みを行うこと、献灯すること、真言を唱えること、山やオボーを祀ること、乳や乳茶を振りまく儀礼を行うこと、延命の儀式や占い」などがあげられている[NTKhYKh 1974:33]。政治局は、これらの家庭内で行われる実践を、排除すべき「宗教」として視野に入れていたのである。

この決議は、同時に効率的な無宗教プロパガンダの実施のために、宗教問題専門の実証的調査機関「仏教研究局」(*Buddyn Sudlalyn Syektor*)の設置を決めている。これは、ソ連における社会学的宗教研究の動きを受けつつ［Dashtseveg 1976:195–196］、人々の社会的属性による「宗教的信仰の水準」の「経験的」測定を目的としたものである［Dashtseveg 1976:197–198］。その指標となったのが、私的領域に隠棲した「宗教の残滓」たる家庭内祭祀であった。仏教研究局は、一九七六年から一九七七年にかけて一〇のアイマグ（県）で、一九七八年には首都ウランバートルで、いずれもサンプル数一〇〇〇ほどの社会調査を実施する。このような社会調査は、モンゴルにおける社会学的な「宗教学」（*shashin sudlal*）の先駆けとなった。実際、宗教に関する社会調査は国立科学アカデミーの社会学研究所に受け継がれ、民主化後にはモンゴル国立大学を中心とする宗教学の流れにつながっていくのである。

ともかくも、この社会調査によって「宗教の残滓」がかなり高い割合で維持されていることが明らかになった。例えば、全回答者のうちおよそ一八パーセントが家に仏像を、二一パーセントが経典を所持していた［Vandangombo 1985:54］。また、一九七九年にウランバートルで行われた調査（サンプル数四八〇）では、およそ一七パーセントが献茶（あるいは献乳）を行い、一三パーセントが旧正月に灯明をともし、三パーセントが祭祀のために（つまり芸術品・鑑賞品としてではなく）仏像を保持していると答えている［Vandangombo 1985:71］。ヴァンダンゴンボは、これらの「経験的」データから、「無宗教プロパガンダが不十分である」と結論づけるのである［Vandangombo 1985:76］。社会調査は、「無宗教論者」を自称する人が多いわりには（一九八二年にウランバートルで行われた調査では約七〇パーセント）、献灯や献茶などの習慣が根強く維持されていることを明らかにし、それが簡単に排斥できるものではないことを知らしめたのであった〔Chimeg 1988:51–52〕。

しかし、この「無宗教論者」であるという自己認識と、家庭内における祭祀の実践は、人々にとってかならずしも矛盾するものではなかった。というのも、本節で見てきたように、多くの人々はそれらの実践が「伝統」や「習慣」ではあっても、「宗教」であるとは考えていないからである。いみじくも、政治局の一九七四年の決議において、すでに「それら〔宗教〕の形式の一部を普通の民族的伝統であるかのように間違って理解している」とする指摘がなされていたが、まさにそのとおりだったのである。しかし、そもそも、仏像については隠す必要があったが、献灯や献茶の実践は禁じられていなかったと述べる人は多い。つまり、「宗教の残滓」に関しては、政府の側でも「建て前」と「本音」にずれがあった可能性は高い。

いずれにせよ、福音派はこのような「宗教の残滓」と対峙することになったのである。それらはモンゴルの社会主義にとって許容できるものであったとしても、福音派にとっては許容できない多くの「宗教的」要素を含んでいる。それゆえ、改宗者は、単に仏教などの「宗教」を放棄するだけではなく、「宗教の残滓」を含めた包括的な改宗を求められることになる。しかし、家庭内祭祀は、単なる個人の問題ではなく家庭の成員に対する一定の規制力をもつため、改宗の道程には信仰的境界だけではなく社会的な境界が引かれている。福音派信徒たちはそれをどのように越えてきたのだろうか。

第二節

福音派への改宗と家庭内祭祀

❈キリスト教と家庭内祭祀

福音派信徒と家庭内祭祀の関係を考えるときに重要なのは、キリスト教の信仰が個人的なものであるのに対して、家庭内祭祀は家族関係のなかにあることである。そのため、キリスト教徒の家にも仏像があることは珍しくはない。また、仏像に対する崇拝や献灯、焼香などの個人的な実践について見てみても、家族関係のなかで行わざるをえない場合がある。さらに、先述したようにそれらが「宗教」と捉えられているかどうかによっても、実践の有無は異なってくる。このような実践のされ方には、福音派信徒の信仰のあり方がどのように表れているのだろうか。

鈴木とツェデンダンバが行った調査からも、「キリスト教徒」であっても四七・四パーセントの割合でお茶や食物の献供、焼香、献灯を行っていることが明らかとなっている。[16] この「キリスト教徒」には、福音派以外の「キリスト教徒」も含まれているが、そのことを考慮してもきわめて高い割合である。

筆者が二〇〇二年に行った調査では、[17] 福音派信徒に対して仏像の有無、仏教寺院への参拝、旧正月の祝い方という点について質問しているが、八五パーセント以上の人が仏教寺院にはまったく行かないと答えている(表3-5)。このような個人的で積極的な仏教的行為については、控える傾向が明らかである。一方、「旧正月をどのように祝うか」については、受洗者と非受洗者、および家族との信仰の一致不一致のあいだで、ほとんど差が見られなかった(表3-6)。受洗者と非受洗者のあいだで信仰の深さに違いがあったとして、それによっては旧正月の祝い方にあまり差が生じないことを表している。モンゴルにおける旧正月の行事には仏教に由来する習慣や意味づけが少なからず埋め込まれているが、そのような実践は「宗教」というよりは「伝統」として受けとめられている。

「仏像の有無」からは、いくつかの興味深い傾向を見出すことができる(表3-7)。まず、全体としても約半数の人が仏像を所持しており、家族全員が福音派信徒である場合にも一六・一パーセントの家庭に仏像がある。これは、仏像を処分するということが、キリスト教に改宗した場合にも簡単なことではないことを表している。

例えば、福音派系のNGOに勤める三〇代の女性Iは、牧師の夫をもち、福音派信徒の母親とともに暮らしているが、かつて熱心な仏教徒だった母親は、先祖代々受け継いできた仏像をいまだ捨てられないで家に置いている。彼女は、そのような母親のことを「キリスト教徒であるが、それほど積極的な方ではない」と考えている。[18] 仏像には個人を越えた家族の歴史が埋め込まれており、それを処分するにはかなり強い信仰が必要であることが分かる。逆に、「積極的な信徒」であれば、そのような妥協は許されないことになる。

表3-5　「受洗の有無」および「家族の信仰」と「仏教寺院への参拝」の関係

家族の信仰				仏教寺院への参拝			合計
				日常的に行く	必要に応じて行く	行かない	
全員が信徒	洗礼	受洗した	人数	1	0	34	35
			%	2.9%	0.0%	97.1%	100.0%
		受洗していない	人数	0	2	18	20
			%	0.0%	10.0%	90.0%	100.0%
	合計		人数	1	2	52	55
			%	1.8%	3.6%	94.5%	100.0%
一部が信徒	洗礼	受洗した	人数	0	0	50	50
			%	0.0%	0.0%	100.0%	100.0%
		受洗していない	人数	0	1	35	36
			%	0.0%	2.8%	97.2%	100.0%
	合計		人数	0	1	85	86
			%	0.0%	1.2%	98.8%	100.0%
回答者だけが信徒	洗礼	受洗した	人数	0	4	46	50
			%	0.0%	8.0%	92.0%	100.0%
		受洗していない	人数	0	10	41	51
			%	0.0%	19.6%	80.4%	100.0%
	合計		人数	0	14	87	101
			%	0.0%	13.9%	86.1%	100.0%
合計			人数	1	17	224	242
			%	0.4%	7.0%	92.6%	100.0%

表3-6　「受洗の有無」および「家族の信仰」と「旧正月の祝い方」の関係

家族の信仰				旧正月を祝うか				合計
				正式に祝う	簡略に祝う	挨拶だけですます	祝わず，挨拶もしない	
全員が信徒	洗礼	受洗した	人数	19	9	7	0	35
			%	54.3%	25.7%	20.0%	0.0%	100.0%
		受洗していない	人数	10	7	2	0	19
			%	52.6%	36.8%	10.5%	0.0%	100.0%
	合計		人数	29	16	9	0	54
			%	53.7%	29.6%	16.7%	0.0%	100.0%
一部が信徒	洗礼	受洗した	人数	19	11	19	1	50
			%	38.0%	22.0%	38.0%	2.0%	100.0%
		受洗していない	人数	17	5	13	0	35
			%	48.6%	14.3%	37.1%	0.0%	100.0%
	合計		人数	36	16	32	1	85
			%	42.4%	18.8%	37.6%	1.2%	100.0%
回答者のみ信徒	洗礼	受洗した	人数	24	15	9	1	49
			%	49.0%	30.6%	18.4%	2.0%	100.0%
		受洗していない	人数	26	7	17	0	50
			%	52.0%	14.0%	34.0%	0.0%	100.0%
	合計		人数	50	22	26	1	99
			%	50.5%	22.2%	26.3%	1.0%	100.0%
合計			人数	115	54	67	2	238
			%	48.3	22.7	28.2	0.8	100.0%

表3‐7　「受洗の有無」および「家族の信仰」と「仏像の有無」の関係

家族の信仰				仏像の有無		合計
				ある	ない	
全員が信徒	洗礼	受洗した	人数	3	33	36
			%	8.3%	91.7%	100.0%
		受洗していない	人数	6	14	20
			%	30.0%	70.0%	100.0%
	合計		人数	9	47	56
			%	16.1%	83.9%	100.0%
一部が信徒	洗礼	受洗した	人数	21	28	49
			%	42.9%	57.1%	100.0%
		受洗していない	人数	23	12	35
			%	65.7%	34.3%	100.0%
	合計		人数	44	40	84
			%	52.4%	47.6%	100.0%
回答者だけが信徒	洗礼	受洗した	人数	37	13	50
			%	74.0%	26.0%	100.0%
		受洗していない	人数	28	23	51
			%	54.9%	45.1%	100.0%
	合計		人数	65	36	101
			%	64.4%	35.6%	100.0%
合計			人数	**118**	**123**	**241**
			%	**49.0%**	**51.0%**	**100.0%**

一方で、家庭における仏像の問題は、信仰と家族関係のあいだにおける福音派改宗者たちの葛藤を表している。家庭における信仰の一致度が高いほど仏像の所持率が下がることから、家族の信仰と仏像の有無の関連性は顕著である（表3‐7）。筆者が二〇〇四年から二〇〇六年にかけて改めて福音派教会で行ったアンケート調査においても、[19] 信徒の家に仏像がある場合、仏像がない家庭に比べて、家族間の信仰の違いによる軋轢が生じやすい傾向が明らかになっている。家に仏像

がある場合に信仰をめぐる軋轢が見られる家庭の割合は三三・七パーセントであるが、仏像がない場合には一六・六パーセントである。

サイン・ウィルス教会の島村貴牧師は、家庭における信仰をめぐる軋轢は、かならずしも個人的な信条だけを原因とするわけではないと言う。彼は、そのような対立が、家庭の信仰へ向けられた「他人の目」、特に親戚の目によって喚起されることを指摘している。[20] このように、家庭内祭祀は福音派信徒の信仰生活に対しても強い影響力をもち、家庭内における信徒の立場と日常的実践に対して、政府や外部の批判よりも直接的に働きかける要因となっていることが分かるのである。以上のような福音派信仰と家庭内祭祀の関係をより詳細に検討するため、以下では個別の事例にもとづいて分析を試みたい。

❊信仰と家族関係の葛藤

モンゴルの福音派にとって、異教的な祭祀は本来許容できないはずであるが、一部の家庭内祭祀は「習慣」として強い影響力をもち続けている。このことは教会の指導者をしばしば悩ませる。例えば、一九四三年生まれの女性J（表3-2のNo.7）は、次のように語る。

家族のなかで夫も子どもたちも仏教徒で、私だけが信徒です。自分自身の興味と牧師の誘いで教会に通うようになりました。洗礼はまだ受けていません。私自身は、社会主義時代もそれ以降も宗教を信じる人ではありませんでした。しかし、私以外の家族は熱心な仏教徒で、二〇〇〇年にウランバートルに移住してきた後、二枚の仏画と仏器を買い、毎日、お茶や灯明を供えるようになりました。仏に対しては家族が行いますが、火と天に対しては私がお茶や食べ物を捧げています。仏像に対しては捧げてはいけませんが、牧師も火と天に捧げることについては何も言いません。それは伝統的な習慣だからです。[21]

この話者は、家族のなかで一人だけ異なる信仰をもつ。自身がキリスト教徒であることは認めているが、教会にはまだ通い始めたばかりであり、いますぐ洗礼を受けるつもりはない。一方で、地方から首都ウランバートルに移住してきたばかりで、教会に行くことが新たな人間関係を形成する機会になることを期待している。話者は移住前は遊牧民であり、子どもの失業をきっかけに首都へ移住してきたのであるが、ここには親戚や友人はほとんどいない。このような移住者は二〇〇〇年以降、経済状況の変化や雪害による家畜の損失を契機として増え続けており、外国教会はそのような移住者を首都生活に受け入れる場所ともなっているのである。

話者は、そのような状況において福音派教会と関わり始めるなかで、仏教に熱心な他の家族との関係をどのように調整するかという課題と直面している。仏像に対しては祭祀をしないが、火(炉)や天にお茶を捧げるという実践の再編は、彼女なりの解決策だった。確かに「伝統」的なやり方でも、家庭における仏像の祭祀は男性年長者の役割であるが、火や天にお茶を供えるのは女性の役割である。その役割分担に対応させながら、仏教色の比較的薄い祭祀だけを「伝統的習慣」として実践することは、彼女にとって納得のいくものであった。

この事例のもう一つ興味深い点は、彼女のような実践的対応は社会主義の反宗教政策に対する人々の態度と類似していることである。前節で考察したように、社会主義時代、公的領域からの「宗教」の排除は、私的領域への宗教的実践の隠棲を引き起こしたが、そのような実践そのものは「宗教」というよりは「伝統的な習慣」としてレトリカルに解釈されていた。そのようなレトリックは、いわば分離された「公」と「私」のダブルスタンダードとなっていたのである。それゆえに社会主義政府は、私的領域における「宗教の残滓」を完全に排除することに苦慮すると同時に、実質的には黙認してきた。この教会の牧師の女性Jに対する態度は、そのような社会主義のものと共通する部分がある。

また、別の例も、故人に対する祭祀の感覚という点で社会主義に対する対応との類似を示している。一九七八年生まれの女性K（表3-2のNo.39）は、母親、六人の兄弟と一緒に暮らす。彼女を含む家族の多くがキリスト教に改宗しているが、彼女は二年前に亡くなった父親の四十九日とそれ以降の旧正月には灯明を捧げ、毎日献茶を行っている。家には仏像も遺影もないが、上座にそれらを供えると言う[22]。しかし、この実践自体がキリスト教の信仰に反するものであるという認識はほとんどない。上座に対して供えるのは、亡き父に供えているという認識であるが、それは宗教的な行為としては認識されていない。このように祭祀対象が仏像から故人へ変わったことにより、「宗教」的実践を行っているという感覚がより薄まることは、前節で見たとおりキリスト教徒以外の家庭にもあてはまることである。

女性Jも女性Kも、このような祭祀の実践に対して、してはならないものであるという認識を強くもってはいない。それは「宗教」というよりは、むしろ「伝統的な習慣」であると解釈しているからである。

一方で、これらの事例から、家庭内祭祀はただ排除できないために残り続けているだけではなく、家族関係のなかで信仰的実践が積極的に再編されていくときの舞台となっていることが分かる。家庭内祭祀は、ただ単に福音派の信仰と対立するものとしてあるだけではなく、新たな信仰を受け入れていくときの基盤としても大きな意味をもっているのである。例えば、一九六一年生まれのキリスト教徒の女性L(表3-2のNo.20)は、上座に対しては何を捧げることもしないが、屋外で天に対して献茶を行っている。聖書の「神」の訳語論争については第二章で論じたとおりであるが、女性Lは、自分なりに「神」を「世界の主」であると解釈しており、屋外での献茶を「世界の主」に対するものであるとし、逆に「仏」ではないので上座に対しては供えない、と説明する。[23] 女性Jの場合と同じように、仏像あるいは上座と火(炉)あるいは天が対比的に捉えられているが、教義における「神」が、家庭内祭祀の実践を通して解釈されている点が興味深い。いずれにせよ、日常的祭祀がキリスト教受容の実践的基盤となっていることが分かる。それによって天の神に対する献茶が自然なこととして実践されているのである。

また、一九六五年生まれの男性M（表3−2のNo.25）は、二年前にキリスト教徒になった。かつては熱心な仏教徒で献茶も行い、ハダグと呼ばれる神聖な布を家に置いていた。キリスト教徒になってからはそのような祭祀は行っていない。二つの信仰を混合してはいけないからであると言う。数か月前に教会からゲルをもらい、それから現在の場所に住むようになった(24)。そのゲルの上座と天窓には十字架が掛けられている（写真3−5・3−6）。仏教徒にとっては、上座は仏像が置かれ、天窓もハダグが掛けられる神聖な場所である。ゲル内における特定の空間の聖性が、キリスト教の信仰を通して再生産されているのである。

写真3−5　ゲルの上座に掛けられた十字架

写真3−6
ゲルの天窓に掛けられた十字架

写真3-7　ある福音派信徒の部屋の上座
棚の上には父母の遺影，右の扉に磔刑像，左の扉にチンギス・ハーン，棚の中にはモンゴル国旗が見られる．それ以外にも家族の写真やお土産品などが棚の上や中に並べられている．

このような象徴的秩序へのキリスト教のイメージの取り込みは、場合によっては福音派の信仰にとって非常に危ういものであることも事実である。ギベンスが指摘した例のように、その空間を舞台として異教的なものとキリスト教が混ざり合う可能性があるからである。特に上座は多様なイメージが集積していく場所となり、そのような混淆が起こりやすい（写真3-7）。

✼家庭内祭祀と改宗経験

信仰と家族関係の葛藤のなかで生み出されるさまざまな解決策のなかで、信仰の表現としてもっともラディカルなかたちとなるのが、所持していた仏像の廃棄である。実際に、若い信徒の多くの世帯がそうであるように、もともと家に仏像がない場合には、それをめぐって家族間あるいは個人の心情のなかで葛藤が生じることはない。しかし、先祖より受け継いだ仏像などがある場合には、仏像がない家庭とはまったく異なるレベルで、人々は信仰の問題に向き合うことになるのである。

まずは、福音派教会内の学校で英語教師をしている一九六五年生まれの女性N(表3-2のNo.27)の事例を見てみよう。

私が結婚して嫁いできたとき、ゲルには夫の父母から受け継いだ仏像や仏具がたくさんありました。一〇年ほど前に子どもが亡くなったとき私はおかしくなり、仏像などをたくさん集めて一日中狂ったように祀るようになったのです。周りの人も私の様子に困り果てていましたが、数年前、家の近くにあった教会に行ったところ、神についての話を聞いて、それから教会に通うようになると、すっかりよくなったのです。そして昨年、家にあった仏像や仏具はすべてガンダン寺にあげてしまいました。夫や姑は仏教徒ですが、そのことに反対することはありませんでした。最近では、姑もキリスト教に入信しようとしています。[25]

彼女は、現在では熱心なキリスト教徒である。細胞集会のメンバーであることなどから、教会指導者とも親密なつきあいを続けており、この調査の際にも、話者宅で多くの教会指導者を交えて話を伺っていた。さまざまな家庭内祭祀について話が及んだとき、指導者は、遺影に対して焼香や献灯を行うことは異教的であり、複数の信仰をもつことになると説明していた。しかし、話者のゲルの上座には仏像や仏具はないが、亡くなった子どもの遺影が置かれており、遺影の前に

写真3–8　女性N家の上座に置かれた写真とコップ

はお茶とお菓子が供えられていた（写真3–8）。指導者は、そのような遺影に対する献供に気づいてはいるが、あえてとがめようとはしていないのであった。彼らは、故人に対する想いと献茶という話者の心情を察しており、共感しうるものとして、あえて強く制限しようとはしない。一般に、教会指導者は異教的習慣に対する断固とした態度を示すよう説きはしても、家庭内の問題に踏み込んで強制的にそれを止めさせるということはほとんどない。

女性Nは遺影に対するささやかな献供を残しているものの、夫方に受け継がれてきた仏像や仏具をすべて処分するという大胆なかたちでキリスト教への回心を果たしている。そこでは子どもの死が大きな契機となっていることは確かである。心の傷みを癒そうとして仏への崇拝にのめり込んでいくなかで、癒しきれない傷みに対して別の救いを与えたのがキリスト教だったのである。仏像を廃棄することは、傷みと絡み合いながら際限なく深まっていく「宗教」への依存を断ち切ることでもあった。結果として、精神的にきわめて不安定な状態から立ち直ったことにより、キリスト教への信仰をいっそう強めていくことになる。

一方で、この事例は家族関係の一つの様態を表している。話者は、社会主義時代にロシアで学び、英語を話すことができるなど、高い教養を背景に教会で職を得ることができている。しかし、失業した夫は酒におぼれる日々が続いている。話者と姑の関係は良好で、姑の心がキリスト教へと傾きつつあるなか、日常生活でも信仰でも夫は孤立している。

次に、一九四六年生まれの遊牧民の女性Oの例を紹介したい。[26] 彼女は、一九九五年二月一五日に近くの町で初めて福音派の宣教師と出会い、キリスト教を知った。最初は彼らに対して嫌悪感を覚えていた。しかし、ちょうど二か月後の四月一五日、突然信仰が芽生え、信じようと思うようになった。小学校の教育しか受けておらず、宗教についてもまったく知識のない話者自身がそのように感じたのは、まったく神の導きであると認識している。

話者の父親の長兄はラマであり、また母親も信心深い人であった。特に、草原では都市部よりも宗教に対して寛容だったこともあり、伯父は、僧衣を身につけないものの、しばしば人に頼まれて宗教活動を行っていた。その影響もあり、話者自身きわめて信心深い人であったと言う。特に、民主化以降は、何か悪いことが起こると寺院に行って仏像や仏具を買い集めるようになっていた。定年までは、国営農場などで事務職などに就いていたが、定年を機に一九九二年からトゥヴ県バヤンツァガーン郡の草原に出て遊牧しながら平穏な年金生活を送っていた。しかし、一九九四年の年末に、話者は兵役に行っていた一人の息子を軍隊内の暴行が原因で亡くしてしまう。また、別の息子が罪を犯して監獄に入ってしまう。そのような悪い出来事が続き、ますます多くの仏像を買い集めるようになる一方、なぜここまで信じているのに良いことがないのか、という思いをもつようにもなっていた。

キリスト教と出会ったのは、そのような困難な時期においてであった。四月一五日に神を信じるようになった後で、突然そのことを娘に伝えたくなり、町を出て娘と婿が住むゲルへと向かった。ところが、その道程でいままで迷ったこともない道に迷ってしまい、どうしてもたどり着くことができなくなった。そのときは、聖書も知らず、神に祈るということも知らなかった。かばんのなかには、寺院から買い集めた仏に供えるお香や御守り、仏教の本などがまだ入っていた。誰も見ていないのを確認して、それらを破ってすさぶ風のなかに捨てた。そうすると問題なく娘の家にたどり着いたと言う。

娘の家に行ってキリスト教への改宗について報告し、自分が買い与えた仏像や仏具をすべて処分したいと伝えると、娘夫婦はそれに同意した。自宅に戻り、夫と二人の息子に同様に話すと、彼らもまた、それに同意したと言う。そして、自宅の仏像や仏具も同じようにすべて処分する。

キリスト教への改宗後も、信仰に対する不安がすぐに消えたわけではなかった。話者は、自分がすでに年老いていることから、死ぬまでもう仏教徒ではなくなってしまうということを考えて、気が遠くなったと言う。しかし、不安に対して牧師は諭し、落ち着かせてくれた。また、話者は改宗前にお世話になっていたラマのところに行き、キリスト教への改宗について率直に相談したところ、そのラマは賽を振って占い、経典を調べた後で、「行け。私はもし悪いものなら行かせない。それはとても良いものである。行け」と述べたと言う。ラマであれば本来、キリスト教を批判するはずであるが、率直に真実を述べたラマを信頼し、キリスト教への信仰を確信する。

女性Oは、現在まで二〇年近くにわたって敬虔な信徒であり続けている。彼女は、自身を教養のない人間であると謙遜しながらも、聖書をよく読み、内容について理解しようと心がけている。現在ではキリスト教に対する理解は、牧師の教えを相対化できるほどに彼女のなかで体系化されている。例えば、牧師たちが主張する「宗教ではない」という言説についても、「宗教」の捉え方によってその意味づけは異なると理解し、仏教のような「儀礼」を行わないという意味では「宗教ではない」が、神的なものに対する信仰や崇拝を「宗教」とするなら、福音派の信仰も「宗教」と呼べるだろうと説明する。

一方で、彼女の信仰自体は、幼少から培われてきた強い宗教的感受性にもとづいている部分が大きい。完全な改宗を最終的に後押ししたのがラマの言葉であったということは、きわめて興味深い事実である。また、女性Oは、キリスト教への改宗後、さまざまな奇蹟を経験してきた。例えば、自分や他人、家畜の病気を祈りによって治すようになり、また二〇〇〇年の大雪害で周囲の世帯が多くの家畜を失ったときにも、彼女の世帯だけは家畜を一頭も失わなかった。そして、困ったときにふと神の声を耳にして問題が解決したことが三度あり、夢うつつの状態で神が自分に対して語り続けるという体験をしたこともある。都市部よりも仏教的信仰や慣習が色濃く残る草原で、キリスト教に改宗した彼女は一時期ひどく疎外されたが、そのようなさまざまな奇蹟によって現在では周囲との関係も友好であり、彼女を頼って密かに相談に訪れる人も多いと言う。女性Oは、仏像を捨て、仏教的な習慣をまったく行わないなど、徹底した「宗教」との決別を行っているが、改宗前も改宗後も、独特の宗教的感受性が重要な役割を果たしていることが分かる。

女性Oは、ほとんどの家庭内祭祀を行わないが、搾った家畜の乳の天に対する献供は行っている。それは、「神」が「天」にいると理解しているからである。ウランバートルに住む女性Jや女性Lも天に対する献茶は行い続けていたが、「天にいる神」のイメージが、家庭内祭祀を残していく数少ない余地を生み出しているようである。[27] 当然ながら、彼女たち自身は、その実践を「宗教」とは考えていない。それは握手やお辞儀と同じように、特定の意味を表す形式的習慣にすぎないのである。

女性Oの事例は、女性Nと同じように、家庭内における主婦の主導的立場を表している。特に、女性Oの場合には、改宗前から現在に至るまで、家庭内の信仰に関しては彼女が一貫して主導権をもち続けている。彼女自身は、キリスト教への改宗に際して家族が反対しなかった最大の理由は、仏像などに費やされていたかなりの出費が改宗によって抑えられるからではないか、と説明するが、いずれにせよ、改宗前にも女性Oが家庭内祭祀に対してもっていた主導権が、改宗に際しても発揮されていることは明らかである。現在では三人の息子および二人の娘とそれぞれの配偶者のうち、キリスト教へ改宗していないのは、一人の息子と一人の婿だけであると言う。

T・オドントヤは、「伝統的モンゴルの社会関係」において、「女性が意思決定権を有し、比較的強かった」ことを指摘しているが〔オドントヤ 二〇一四：四〇〕、そのような女性の「強さ」は、社会主義を経てポスト社会主義においてさらに増している。(28) 二〇一三年のグローバル・ジェンダー・ギャップ指数によれば、女性の「経済活動への参加度と機会」は一三六国中二位である（日本は一〇四位）〔WEF 2013:12〕。女性Nや女性Oの事例は、そのようなモンゴル社会全体における女性の立場と、それを背景とした家庭における女性の主導権の強さを表している。

家庭内祭祀をめぐって家庭で生じる軋轢のパターンとして多いのは、世帯主である男性が熱心な仏教徒で、その妻が福音派に改宗した場合である。女性Oのように妻が主導権を握り、夫を含めた家族がそれに従う場合には軋轢は生じないが、そうでない場合には、女性Nの世帯のように夫が孤立したり、あるいは夫婦間で激しい衝突が生じたりする場合がある。それに対し、女性Jのように祭祀の役割分担を通した再編成によって衝突が避けられる場合もあるが、この事例は信徒の信仰がそれほど深くない段階である。女性Nや女性Oのように、子どもの死などを背景に劇的に改宗が経験される場合には、それは「仏像の廃棄」というかたちで表現され、家族に対しても断固たるものとして示されるのである。

❊「宗教」との決別の多様性

以上のことから、モンゴルでは家庭内祭祀が信仰と家族関係との葛藤を表現し、調整していく現場となっていることが分かる。それゆえ、信仰や家族関係の変化を通して、家庭内祭祀のあり方も更新される。信仰の深まりによるもっともラディカルな表現は、女性Nや女性Oの例のように、仏像の廃棄というかたちでなされる。逆に、家庭内祭祀の変容は、家族の関係性にも何らかの変容をもたらす。福音派信徒の場合、熱心な女性信徒が主体となって仏像を廃棄することで、家庭における主導的立場を強めていくことが多い。このような関係は、女性が高い社会的地位を占めつつある現代モンゴル社会のジェンダー状況の一端を表している。

一方、本節で見てきたような信仰と家族関係の葛藤・調整の場として家庭内祭祀があるという事実は、「ポスト社会主義」における家庭内祭祀の意義が関係している。本章第一節で見てきたように、「家庭」は、公的領域から「宗教」が排除されていた社会主義時代、特定の祭祀を再生産し、個別化していく領域としてきわめて重要な役割を果たしてきた。人々は一部の家庭内祭祀を「宗教」ではなく、「伝統」や「習慣」と捉えながら維持してきた。また、そのなかで遺影に対する祭祀のように新たな実践を生み出し、それに独自の解釈を与えてきた。それは、近代化という設計図のなかで、画一的に「宗教」を排除しようとする社会主義に対して、人々が生み出してきた創造的な実践だった。

モンゴルにおいて、特に「家庭内祭祀」が重要な意義をもつことについて、モンゴル特有の背景を一つ指摘しておかなければならない。なぜなら、祖先祭祀や葬送墓制などが同様に信仰と社会関係を反映させる場となることが容易に想像されるからである。(29) しかし、モンゴルには集団的な祖先祭祀が存在せず、墓も祭祀対象としての社会的意義をもたないのである。二〇世紀までのモンゴルにおける墓制は主として風葬であり、持続的に死者を祭祀するような墓地は存在しなかった。埋葬によって墓が設けられるようになるのは、一九五〇年代に野蛮な風習として風葬が禁止されて以降である。しかし、現在でもほとんどの人は墓に参ることはない［Delaplace 2008］。それゆえ、墓によって媒介される「先祖」が祭祀集団を規定していくことはない。かつては、オボーが部族などの集団的・地域的祭祀の対象としてあったが、社会主義により衰退したオボー祭祀の復興は進んでおらず、また復興した場合にもその性格はかなり変化している［滝澤二〇〇五：七〇］。このようなモンゴル特有の事情は、特に家庭内祭祀の社会的意義を際立たせている。

さて、このような社会主義の歴史によって生み出されてきた「宗教」に関わるレトリックと、それが内在化されたかたちでの家庭内祭祀の創造は、福音派のキリスト教を受け入れていくうえでも重要な意味をもっていた。本節で見てきたように、改宗の重要な条件である「宗教」との決別をどのように果たしていくかもまた、人々の創造的な営みとなってきたのである。

ギベンスが危惧したのはまさにこの点と関連している。人々が土着の宗教とキリスト教の信仰を混淆してしまっているという報告のなかに、異教的なものを徹底して排斥する必要性を実感したのである。そのため、彼にとっては、聖書の訳語のなかに仏教的な来歴をもつ言葉が混ざっていることは許されないことだった。

しかし、多くの教会では、実際には、教会に入会した時点や洗礼を受けた時点で、あらゆる異教的な要素の混淆を徹底して禁止されるわけではない。本節で見てきたとおり、「宗教」との決別がどのようなレベルで行われるかは、それぞれの信徒の意識にゆだねられている。人々は、日常的実践の再帰的な解釈のなかで、そこに「宗教」を改めて見出し、それと決別していく。それゆえ、「宗教」との決別はきわめて多様である。教会は、そのように多様なかたちで「宗教」と決別した信徒たちを含み込んでいる。異教的なものとの妥協を一切許さない中核的な信徒に対して、その周辺部では、自分なりの解釈を通して、「宗教」との決別を果たすさまざまな信徒が存在する。このことは、教会内部の共同性を考えていくうえで非常に重要である。

ここで改めて、家庭における葛藤を乗り越えながら改宗者がたどり着く先にある「教会」という新たな集団に目を移していくことにしたい。福音派への改宗にともなう信仰の社会的次元には、家庭と教会という二つの領域が関わっているからである。個人は、家庭における祭祀の再編と同じように、教会における宗教的実践を通して社会関係の新たな境界を形成していくことになるのである。そこで、中核的な信徒の外側に、周辺的な信徒を大きく含み込んでいるような教会の構造はどのような意味をもっているのだろうか。次章では、特に、彼らの重視する援助活動と「救い」の関係に注意を払いながら、教会によって生み出される共同性の特徴を描き出していきたい。

ウランバートル郊外のゲル地区に立つ福音派教会

第四章 越えて結ばれるもの

「教会」は、モンゴル語では主に三通りの言葉で表される。仏教の「寺」と同じスム(*süm*)、「集会」を表すツォグラーン(*tsuglaan*)あるいはチョールガン(*chuulgan*)という言葉である。教会名にはこれらのいずれかが付される。後者二つは人の集まりとしての「教会」を表し、スムはそれに加えて教会の建物自体を同時に指す。しかし、独自の建物がない教会に対してもスムという語が用いられるように、いずれの「教会」も第一義的には信徒の集まりとして捉えられる。本章で扱うのは、福音派教会のこの集団としての側面である。前章まではモンゴルの福音派受容における民族や言語、日常的実践の越境という側面に焦点を当ててきたが、それらの境界が越えられた先には、信仰によって結びつけられた信徒の集まりがあり、その外縁は新たに社会的に境界づけられている。

しかし、キリスト教への改宗にともなう信仰の「越境」は、すべての人に一様な経験ではない。第二章で見てきたように、福音派の場合、改宗は「宗教」との決別をともなうが、どこにその境界線があるかは人によって異なる。また、第三章で論じたように、そのような越境の境界線は、社会主義の記憶や日常的実践の連続性と深く結びついている。家族関係や一部の宗教的実践と妥協しながらキリスト教を受け入れていく信徒もいれば、より徹底的に「宗教」を排除しようとする信徒もいる。そのような意味で、教会という集まりは、信仰的な排他性および教会活動との関わりの深さ、神観念を含めた世界観などの点で非常に多様な信徒を含んでいることになる。しかし、教会自体は、信徒間のこのような多様性を包み込みつつも、その信仰的排他性によってはっきりと境界づけられているのである。本章では、そのような教会の共同性に注目しながら、信仰的な越境の先で人々を結びつけているものについて考察する。

第一節　福音派教会における援助と信仰

❊福音派の個人主義的信仰と集団性

社会主義時代にもある程度密かに維持されてきた仏教は、民主化後の宗教界における最大勢力であると同時に、仏教的な世界観や様式が人々の日常的実践に与えている影響も依然として大きい。そのような背景から、民主化以降、仏教は自ら「民族」あるいは「国家」という「想像の共同体」を支える宗教的基盤になろうとしてきた。それにもかかわらず、第三章で考察したように、人々の仏教的実践そのものは自律的な傾向が強く、信者と寺院との関わりも、旧正月の祭祀や葬儀などで僧侶を家に呼ぶ場合や、病気や試験などのときに個人が個別に寺院に行って祈願する場合などに限られている(1)。

一方で、福音派は、信仰内容においてはきわめて個人主義的傾向が強い。しばしば家族間における信仰の相違が軋轢を生み出していたのには、そのような福音派の個人主義が影響している。仏教は家族あるいはモンゴル民族や国家を包括的に守護するものとされるが、福音派の信仰における救いの対象はあくまで個人である。例えば、「父はキリスト教に改宗することがなかったから、残念ながら地獄に行くと思う」と言ってしまうような福音派の感覚は、仏教徒にはなかなか理解できない。しかし、このような個人主義的信仰の一方で、教会は仏教にはないきわめて強い集団性を有している。信徒の集団には信仰にもとづく排他的なメンバーシップがあり、それは日曜礼拝やその他の集会を通して維持される。

福音派教会の集団性は、しばしば外部から批判的な眼差しを受けてきた。特に、教会でさまざまな援助活動が実施されていることから、そのような集団性がきわめて「実利的」なものであると、ネガティブな印象で捉えられてきた。それは、「教会には、外国人がやってきて、物を配ったり英語を教えたりして人々を引きつけている。だから、教会に通うのは若い人か貧しい人である。つまり、キリスト教は、仏教のようにモンゴル人の生活や精神と深く結びついたものではない。彼らの教会は、実利的な関心で結びついているのであり、本当の宗教、信仰とは言えない」という定型的な語りとなって流布している。彼らのつながりが、国際的宣教機関などを通じてグローバルな広がりをもっていることも、批判を強める一因となっている。

例えば、モンゴル国立科学アカデミーのジャンバルは、「モンゴルの地に以前にはまったくなかった宗教の諸派が多く入ってきて市民の信仰を集め始めているが、彼らは、現在の経済的困窮、病、精神的道徳的苦悩、意識・教養・文化的規準の低迷などといった弱みにつけ込み、物品や食糧、金銭を与えたり、外国語を教えたり、国内外で学ばせて、教養や専門技術を身につけさせたりなどをすることで社会的弱者に近づき、自らの宗教に入らせるような事態が幅を利かせている」[Jambal 2001a:184]と指摘している。

しかし、仏教にそのような実利的側面がまったくないというわけではない。例えば、K・コルマー＝パウレンツは、「大衆における僧侶の急激な増加は、宗教的な敬虔さだけを理由としているわけではない。僧や尼僧になることは一つの就職であると考えられ、僧侶はわずかばかりでも収入にありつけたのである」[Kollmar-Paulenz 2003:22]と指摘している。確かに、民主化直後の寺院の急激な増加には、僧侶になる人の一時的な増加が影響していた。僧侶は当時、重要な稼業となっていたのである。このように、宗教の「実利的」側面に対する批判は、福音派だけに向けられるものではないはずである。同じ援助活動を行っても、仏教の場合には評価され、外国宗教の場合には批判される背景には、民族主義的な感情と新たな外国宗教に対する警戒感があることは明らかである。

しかし、筆者はここで、そのような民族主義的な態度を批判したいわけではない。問題としたいのは、「実利的な関心」と「本当の信仰」を二律背反なものとして捉える構造そのものである。この捉え方は、両者が同時に成り立たない、あるいは成り立つべきではないという意味で、両者を同じ位相に置いている。しかし、福音派教会の共同性は、そのような図式では捉えきれない部分がある。本章を通じて論じていくように、「信仰」と「個人的な関心」のそれぞれの位相は、あいだにずれを含みながら動的に関係し合っている。その動的な関係性のなかで、教会は「救いの共同性」とでも呼ぶべきものを生み出しているのである。

そのような教会の共同性を論じていくにあたり、本節ではまず、福音派教会で援助と信仰の関係がどのように捉えられているかを見ていきたい。

❇援助活動の位置づけ

福音派を含めた多くの外国宗教は、実際に援助活動を非常に重視してきた。そこには、社会主義崩壊後の体制転換期にモンゴル社会自体が経済的に非常に困窮した状況にあったことが関係している。しかも、外国宗教による援助活動は、彼ら自身の一方的な働きかけばかりではなく、場合によってはモンゴル側の強い要請からも行われていた。

例えば、民主化まもない一九九〇年の六月、モンゴル政府がバチカンの教皇庁に国交の締結を打診し、同じ年にバチカンから二人の人物がモンゴル視察のため派遣される。そして、一九九二年三月二七日にはモンゴルとバチカンの国交が樹立されるが、この時期でのモンゴルとの国交樹立は西欧諸国のなかでも比較的早い方だった。このような動きは、実はモンゴル政府からの援助要請が背景にあった。一九九二年七月一〇日には、三人の宣教師がモンゴルに到着し、さっそく経済支援や技術援助を開始する。これらの援助活動自体は、カトリックの教義にかなったものであった。彼らは宗教的理念として、四つの活動を等しく重視している。それは、教育活動、宣教活動、援助活動、家族に関わる活動であり、それらが合わせてミッションとされる(2)。特に、モンゴルにおいては援助活動がまず優先され、宣教活動が本格的に開始されたのは一九九八年頃になってからである。このように、社会主義体制崩壊直後の経済的・社会的混乱のなかで、キリスト教などの宣教機関による援助は、かならずしも排除されてきたわけではなく、場合によってはカトリックのように国家レベルで積極的に要請され、受け入れられてきたのである。

さらに、一九九三年に宗教法が成立してからは、もう一つの要因が加わることになる。それは、宗教法人の登録に際して、社会に対する積極的な貢献の実績が求められるようになったからである。多くの外国宗教は活動停止や処分を免れるために宗教法人としての登録申請を行っているが、申請が認められるのは全体の半数にも満たない。そこで、援助活動を積極的に行うことで認可の条件を満たそうとするのである。さらに、認可は毎年申請して更新されなければならないので、認可されたからといって援助活動を止めるわけにはいかない。つまり、「伝統的宗教」として「人民の和合」の社会的機能をもともと担っている仏教とは異なり、福音派を含めた外国宗教は、積極的に援助活動を行うことが国家によって求められていたのである。

このように、内的・外的要請から、一九九〇年代前半にはかなり積極的な援助活動が行われており、現在に至るまでそれは一定の重要性を維持しているが、そのことに対するキリスト教徒の考え方はさまざまである。

特に民主化直後に積極的に行われた援助活動に対しては、自己批判や反省を口にする教会指導者も多い。ある宣教師は、民主化直後の混乱期に宣教活動がビジネス化してしまったことで、モンゴルのキリスト教に悪い影響を残してしまったと嘆いている。例えば、牧師や宣教師になる人、聖書学校に入学する人などは、「召命」によって決断するべきであるが、モンゴルではそうではない人が多く、そのため給料が出なくなるとやめてしまうという話も耳にした。つまり、援助活動と合わせて宣教を行ってきた結果、信仰の薄い信徒が割合として増えてしまった、あるいは福音主義に反するキリスト教が広まってしまったと言う。このような援助に対する慎重な態度は、外国人宣教師のあいだで比較的強く見られる。

一方で、モンゴル人の教会指導者は、援助活動の積極的な必要性を認めている。その背景には、そもそも、多くの教会の運営自体が外国の教会や国際宣教機関の援助によってまかなわれているという実情がある。「援助をあてに教会を運営している」という外部の批判を意識し、一部の教会は積極的な自立を目指し、それを実現できている教会ではそのことを誇らしく強調する。例えば、ある教会の利益追求の傾向に嫌気がさして独立したバット・オルシホイ教会は、外国のどの機関・教会からも援助を受けないことを信条としてきた(3)。また、ヌフルルル教会のウランバートル支部指導者は、教会の財源が教会員の寄付だけでまかなわれており、外国のキリスト教機関からの援助を一切受けていないことを誇りとしていた(4)。しかし、実際には、どこからも支援を受けずに活動を行うことが難しい教会が多い。援助は、単に教会から信徒や信徒以外の貧困者に対して行われるだけではなく、外国教会からモンゴルの教会、大教会から支部教会という一連の流れのなかで捉えられる必要がある。つまり、教会自体が援助の流れのなかに深く埋め込まれているのである。先ほどの「ビジネス化した宣教」という言葉には、そのような教会全体の援助の構造に対する批判が含まれている。

このような援助活動に対する教会自身による否定的な見解は、外部からの批判と同じまでではないとしても、信仰の問題と援助活動を相容れないものとする感覚にもとづいている。つまり、教会という集まりは、援助などを通した「実利的」なつながりではなく、信仰によるつながりにもとづくものでなくてはならないという捉え方である。

✻信仰と社会のあいだ

一方で、「信仰」の問題と「援助」の問題はまったく別次元の問題であるとする考え方もある。例えば、ドゥゲルマー牧師は、援助活動と教会の関係について次のように述べている。

実際のところ、今日キリストのもとにやってくる人々の社会階層について見てみると、貧困で、恵まれない人々が多いようである。それを目にした信仰をもたない人々、疲れ、消耗した、物乞いやアルコール中毒患者も、更生施設や診療所に来るかのようにやってくる。本当に困窮した人々を助けるのは結構なことだと見られることがある一方で、空腹に訴えかけて人々を引きつけ、外国の宗教を浸透させているという受けとめられ方が、社会の一部に見られる。〔しかし〕これらのいずれについても、何ら気にする必要はない。自分の立場において、なすべきことをただなすだけである。〔中略〕「何を行う場合にも、主のために真摯に行え。汝らの根気強い労働が無駄ではないことを思って、勤勉に働け」と聖書に教えているではないか。〔中略〕主のなかに居場所を見つけたなら、それでよい。あなたが本当に主を信頼し、主に従順であるなら、すべてはうまくいく。そうしないで、「私がこの社会を、この学校を、このビジネスを何とかしてやろう」と奔走することには意味がない。

［Dügermaa 2006 : 25–26］

ドゥゲルマー牧師の主張では、信仰的位相と社会的位相は完全に切り離されている。そのうえで、援助活動は、あらゆる他の社会活動と同様、個人に与えられた社会的役割一般のなかに捉えられている。彼の表現が極端なものであるとしても、援助活動を宣教や信仰の問題と切り離し、「ただなすべきこと」と捉える立場は、キリスト教系の援助団体などに実際にみられる見解である。例えば、一九九三年に設立されたキリスト教系援助団体のＪＣＳによれば、援助活動は宣教活動とは少なくとも教義のうえでまったく異なるものとして捉えられている。援助活動は、新約聖書のなかの「善きサマリヤ人」の記述とマタイの福音書二五章の記述にもとづいて行われる[(5)]。それは、何らかの目的をもった行為ではなく、それ自体が神の命じるままの行為であると捉えられている。その行為は、仏教の良き来世のための「善行」や「功徳」と対比される。

援助活動は、宣教活動のような信仰的カテゴリーからは区別されるために、他の公的機関や非福音派の宗教系NGOと協働することも可能となっている。一方で、信仰的位相に関しては、福音派全体は、他の宗教団体から完全に孤立している。例えば、宗教間対話の促進などを目的に、バハイ教や仏教のダシチョイリン寺院を中心として、カトリック、イスラームなどの宗教機関が参加する「宗教間連盟」が組織されているが[6]、福音派はそのような機関とも接触をもたない。援助活動が信仰的位相から切り離されているがゆえに、それは唯一、福音派外との接点となるのである。

では、信仰と援助がまったく別次元の活動であるとするならば、援助を目的に教会にやってくる人々のことは、どのように捉えられているのだろうか。JCSの会長であるK・L・スティーヴンズは、「ライス・クリスチャン」という概念でそのような人々を捉えている。ライス・クリスチャンとは、純粋な信仰というよりも物的な利益を目的に教会に所属している信徒のことを指す。彼女は、ライス・クリスチャンが敬虔な信徒になる可能性はきわめて低いと指摘する。つまり、内的な変化をともなわない限り、援助が切れると彼らは教会から離れていくと言う。そのため、金銭や物品の提供で信徒が得られるという考え方は、現実としてありえず、援助活動は宣教を目的として行われるものではない[7]。このような内的な変化が、援助の有無に関係しないとすれば、ドゥゲルマーの認識するように信仰と援助はまったく別の位相にあることになる。

一方で、同じJCSの職員であるモンゴル人女性は、援助活動は宣教を目的として行われることではないが、援助を受けていた人が信徒になることは実際にあると言う。そもそも、JCSなどの提供する援助は、単純に金銭や物品を提供するのではなく、手仕事などの提供による経済的弱者のエンパワーメントを中心としている。そこで、人々は規律や時間を守ることを身につけていくことになる。このようにして、彼ら自身に内面的変化が生じてくると、そのなかから神について聞こうとする人も一部には現れてくると言う[8]。

実際、JCSのウェブサイトには、その援助活動を契機に改宗することになる七人の物語が紹介されている[9]。彼らは、アルコール中毒からの社会復帰(二人)、青年の健全育成のためのサッカーチーム(一人)、家庭菜園や遊牧などの支援(三人)、貧困者に対する少額融資(一人)などのプロジェクトに関わるなかで、それぞれの抱える中毒、非行、貧困などの問題を解決し、その過程で宣教師や聖書と出会って信仰に目覚めていく様子が描かれている。このように、結果として援助が信仰への入り口となることについては否定されていない。

同じように、信仰以外の目的で教会に通っているうちに、より深い信仰をもつようになるという経験をもつ信徒は非常に多い。モンゴル国立大学のナラントヤーは、多くの信徒が、教会で配られる衣類や食糧、無料の医療サービスや語学教室を目的に教会に通い始めながらも、次第にさまざまな体験を通して信仰に目覚めていく過程を事例にもとづき分析している[Narantuya 2008: 87–96]。

筆者が信徒に行ったインタビューでも、特に若い人の場合には、外国語を習う目的で教会に通い始め、そのなかで熱心な信仰をもつようになったと言う人は多い。例えば、アリオン・ザム教会の牧師であったエンフタイワン氏の場合、娘が英語を習うために教会に通っているうちに、キリスト教の熱心な信徒になったことがきっかけであったという。[10] また、信徒が教会に通うようになって一定の期間が過ぎてから、何らかの契機によって強い信仰をもつようになることも多い。例えば、名古屋の大学に留学し、そこでペンテコステ派の教会に通っていた二人のモンゴル人女性も、日本語を学ぶため日本人牧師の教会に通うようになったことが最初のきっかけであったが、本当にキリスト教を信じるようになったのは、数年経って日本への留学がかなった後になってからであると言う。[11] 教会という集まりは、このように信仰の深さにおいてある程度幅をもった人々を含み込んでいるが、そこに援助活動が一定の役割を果たしていることは確かである。

援助に引きつけられて教会にやってくる周辺的な信徒は、教会という社会的集団を捉えるうえで重要な意味をもつ。福音派にとって援助活動が外部との接点となっていたのと同様に、彼らも、教会の裾野を社会に向けて拡げ、教会外の世界との接点となっていくからである。同時に、周辺的な信徒はより中核的な信徒の候補となっていく。

このような意味でも援助活動は教会にとって重要な意味をもつが、これを援助から信仰への展開と見なすことは問題を一面的に捉えてしまうことになる。ここで、ドゥゲルマー牧師らの視点にならって信仰的位相と社会的位相を分けて考えてみる必要がある。援助と信仰は、人々の改宗のプロセスにおいて、さらに複雑に関係し合っている。その一つの例が、援助が信仰の一つの帰結として受けとめられる場合である。多くの場合、教会の運営に対して援助や寄付が多く集まることは神の慈悲として受けとめられる。また、次節でも論じるが、教会による信徒への援助とそれによる信徒の状況の改善は、人々の信仰や祈りの結果であると捉えられる。

このように、援助と信仰の関係は「実利的な関心」と「本当の信仰」の二項対立で捉えられるほど単純ではない。援助を求めて教会にやってくる人が多くいることは確かであるが、その点だけを強調しすぎると彼らの願いと信仰の複雑な関係を見落としてしまうのである。改めて、教会が単なる社会集団ではなく、信仰によって形成される集団であることを認識する必要がある。この点を踏まえ、次節では、援助などによる現実的な救済が人々の信仰的な「救い」とどのように関係しているかを見ていきたい。

第二節　祈りの共有と「救い」の共同性

❊共有される祈り

本節では、人々の信仰と共同性の関係性を明らかにするために、彼らの「祈り」とそれによって紡ぎ出されていく独特の共同性に注目していきたい。福音派はその特徴的な「祈り」の実践によって、他の宗教とは異なる特有の連帯感のうえに集団を形成している。それは、特に「細胞集会」

(*esiin büleg*)と呼ばれる家庭集会において大きな力を発揮する。そこでは、病気や貧困を含めたさまざまな現実的・具体的な内容をもつ祈りが声に出して共有され、それは場合によっては現実的な解決策へと結びつけられていく。そのような「救い」によって結ばれる連帯が教会に特有の共同性を生み出しているのである。

教会の集団性は日曜礼拝やその他の礼拝を通しても深められるが、人間関係の親密さを考えるうえで、きわめて重要な意味をもつのが「細胞集会」である。この名称は“cell group”の直訳であり、一つ一つの集会が集まって「キリストの身体」としての教会を形成することにちなんでいる。一つの細胞集会の成員が増えると、分裂して別の集会を形成するのであり、「教会の成長」とは、つまり細胞集会の拡大、増殖を意味している。(12) 細胞集会は、教会のなかで一〇人ほどを単位とした班に分けられ、毎週、班員の家や決まった場所に集まって行われ、そこでは、勉強会や祈りを通じた親密な関係性が築き上げられている。それは「信仰によって結ばれた集団」を再認識させる契機となると同時に、宣教の機会としても重要な意味をもつ。

V・H・ウォンらは、アメリカの韓国系移民社会におけるキリスト教会の機能を細胞集会に注目し分析している。彼らは、主に細胞集会がもつ集団性が果たしている役割に注目し、そこに、①新しい移民の定着の促進、②メンバーの感情的なサポート、③信徒に対する社会的地位の提供、④韓国人起業家のビジネス・ネットワークとしての資源などの諸機能を認めている［Kwon et al. 2001:251］。ウォンらは、特に教会が取り結ぶ関係性の側面に注目し、社会関係資本としての有効性を重視しているが、一方で、細胞集会における信仰の位置づけについては触れていない。しかし、細胞集会が「キリストの身体」を構成するものであるとすれば、そのような社会的側面と「信仰」との関係を改めて見ていく必要があるだろう。

モンゴル福音同盟の二〇〇〇年一一月の資料によると、調査が行われた教会のうち四分の三が細胞集会を行っていた[MEE 2000:xi]。また、二〇〇四年から二〇〇六年にかけて筆者が行ったアンケート調査においても、日曜礼拝参加者のうちの五六・九パーセント、教会指導者については九六・三パーセントが細胞集会に参加している。(13) 日曜礼拝だけではなく、細胞集会が彼らの信仰的実践のなかで大きな位置を占めていることが分かる。細胞集会は、聖書を読み、その内容についての勉強会を行うなど、神学的な集まりという側面もあるが、より重要なのは、信徒と非信徒の家族のあいだの軋轢や、異教的な伝統的習慣の排除などが主題となってくることである。教会ではなく、信徒の家庭を順に回って行うことの意味はこの点にある。いわば、教会活動を家庭化する契機でもある。

もう一つ、細胞集会においてきわめて重要な位置を占めるのが「祈り」である。限られた親密なメンバーシップのなかで吐露される祈りには強い意味が込められている。そこには病気の治癒、学業や事業の成功、経済的な安定、家族の不和の解決などきわめて具体的・現実的な内容が含まれるが、後述するように、そのような問題の共有を通して、細胞集会は一種の相互扶助組織となっていくからである。

「祈り」は、日曜礼拝においても重要な位置を占める。特に、牧師や長老の洗練されたパフォーマンスをともないながら、独特の高揚感が共有される。礼拝の形態や雰囲気は、教会の年齢層や指導者のパーソナリティなどによって大きく異なるが、一般に、熱狂的なパフォーマンスをともなう教会が多い。最初は静かな雰囲気のなかで牧師の説教が始まるが、次第に口調や身振りは激しさを増し、そのまま投げかけるような祈りへと移行する。その祈りの後ろでは静かにバンドの演奏が始まり、そのリズムが早まってくると、そのまま手拍子が始まってハイテンポの讃美歌合唱になだれ込む。そこで高揚感が頂点に達する。ひととおり絶頂が続くと、静かで緩やかな曲調に変わり、陶酔のなかで人々は手を天に掲げて祈り始める。「私の主よ、私の父よ、私の救世主よ、私の偉大な主よ、私を救ってください、私を慈しんでください、私のために命を落としてくださったあなたに感謝しています、あなたを愛しています……」という言葉が声高に発せられ、人によっては感涙にむせぶ。そのまま静かに礼拝は終わる。このような教会全体で共有される高揚感は人々を強く引きつける要素の一つとなっている。

一方で、平日の午後などに行われる「祈りの集会」や細胞集会などでは、より個人的な祈りが重要な位置を占めている。信徒たちは二人から五人ほどに分かれ、輪になって座って互いに手をとり、神に祈りを捧げる。教会によっては、祈りの前にその具体的な内容を互いに列挙し、その一つ一つを一緒に声に出しながら祈りを捧げる。彼らの祈りは具体的な内容をもって表現され、ともに声に出すことで共有されるのである。このような小グループでも、語気を強めた早口の祈りのなかで独特の高揚感を達成しようとする場合もあるが、かならずしもそうであるとは限らない。教会によっては、このような具体的内容の共有は日曜礼拝においても行われる。祈ってもらいたい内容を紙に書かせて集め、牧師が演壇の上ですべてを読み上げ、それから祈りを捧げるのである。

それらの場面で共有される祈りの内容は、病気の治癒、学業や事業の成功、経済的な安定、家族の不和の解決など個人的な要求のほかに、教会の発展、モンゴル国の安寧などである。きわめて現実的な内容を含むことの多いそのような要求は、定型的な祈りの文句のあいだに織り込まれていく。

おそらく、このような祈りの場面と内容に注目することは、信徒たちを結び合わせているものを捉えるうえで重要である。具体的に人々はどのようなことを祈っているのだろうか。ここでは、教会における参与観察と二〇〇四年から二〇〇六年にかけて行ったアンケート調査をもとに分析を試みたい(14)。

先述したように、日曜礼拝や祈りの集会、そして「細胞集会」において、人々は積極的に祈りの内容を表明し、それをともに口に出して祈る。

例えば、以下は筆者が参加した細胞集会において、祈られた内容である(15)。

一 一、我が家の家畜を成長させてください。二、父親のアルコールを断たせてください。三、学校で優秀な成績を取らせてください。四、クラスのみんながよい成績をとれるように。五、クラスをあたたかい雰囲気にしてください。六、家庭からけんかがなくなりますように。七、私の腎臓の不調を治してください。

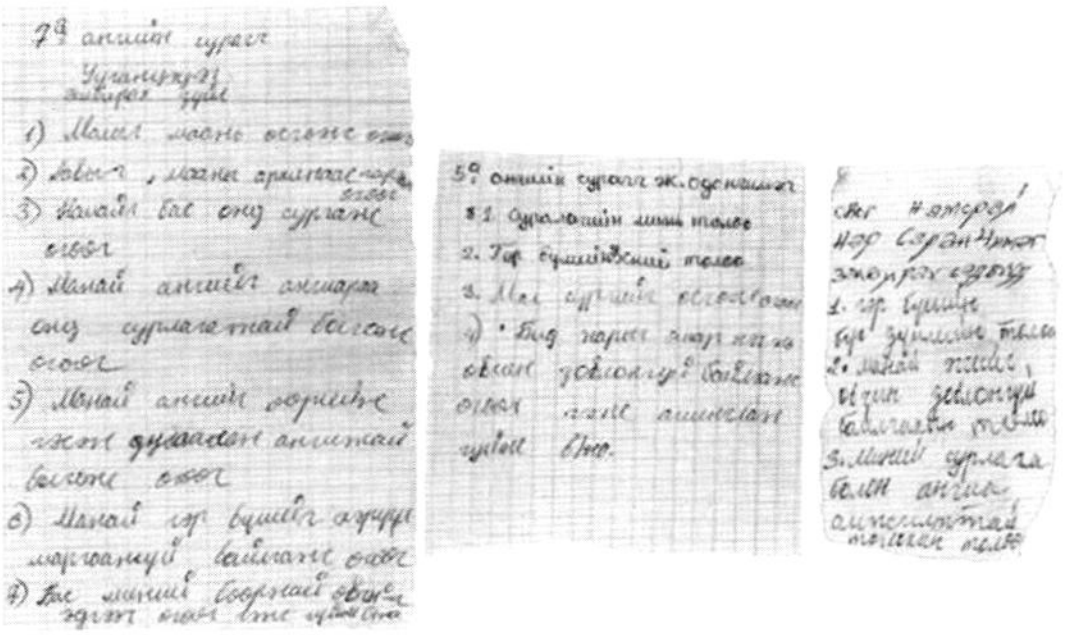

写真4-1　紙に書き出された祈りの内容

以上のような内容を一人一人が紙に書き出し、円座の中心にそれを並べて皆で順に祈っていくわけである（写真4-1）。この集会では学生が多かったため、学業を中心に家庭内の問題や健康について祈られている。主婦を中心とした細胞集会においても、夫の暴力やアルコール依存、家族の病気などの解決、そして貧困の問題が内容としてあげられることが多い。

アンケート調査では、「いちばん最近において何のために祈ったか」という質問で祈りの内容について尋ねている（表4-1）。もちろん、このような質問をアンケートで尋ねる方法が、より繊細な祈りという行為のもつ意味を描き出すのに適切であるかどうかは議論の余地があるが、一方で、集会などで祈りの前にその内容が表明されることを考える

表4-1　いちばん最近において何のために祈ったか？（自由記述から算出）

	礼拝参加者	教会指導者	聖書学校学生	全体
自分自身のため	6.6%	3.7%	5.5%	6.1%
教会のため	14.4%	40.7%	20.0%	18.3%
家族のため	32.6%	3.7%	29.1%	28.9%
友人のため	13.8%	0.0%	9.1%	11.4%
モンゴル国のため	5.5%	40.7%	14.5%	11.0%
健康・病気治癒のため	13.3%	7.4%	5.5%	11.0%
学業・試験のため	11.0%	0.0%	27.3%	13.3%
仕事・就職のため	6.6%	0.0%	5.5%	5.7%
生活の安定・改善のため	3.3%	3.7%	5.5%	3.8%
神に対する感謝	1.1%	3.7%	1.8%	1.5%
精神的・信仰的内容	13.8%	33.3%	9.1%	14.8%
その他：現実的・具体的内容	4.4%	14.8%	5.5%	5.7%
その他：抽象的内容	4.4%	7.4%	5.5%	4.9%

ならば、アンケートの結果はある程度、そのような内容を反映していると考えられる。

内容は、「誰か」のためのものと「何か」のためのものと、大きく二つのタイプに分けることができる。さらに、「何か」について祈るという場合、より具体的な内容を祈願している場合と、より抽象的な内容を祈願している場合とがある。

表4-1に見られるように、礼拝参加者と聖書学校学生では「家族のため」がもっとも多いが、指導者では「教会のため」と「モンゴル国のため」が卓越している。また、礼拝参加者では「健康・病気治癒」が多く祈願されるが、聖書学校学生では「学業・試験」のための祈願が多くなる。その他の現実的・具体的内容としては、「住居をもつこと」「借金からの解放」「アルコール依存」「家庭内の不和・暴力」など主要な社会問題を反映している。また、「家畜の成長」という遊牧民特有の内容もある。精

神的・信仰的内容というのは、「魂の成長」「未信徒への宣教」「信仰による自身の変革」「正しい信仰にもとづいた生活の実現」などである。

このような内容が、礼拝や集会の場で表明され、共有されるという事実は非常に重要である。共有された祈りは、それによって共感の共同性を育んでいくと同時に、教会の援助活動を通して現実的な「救い」へと結びつけられていくからである。

細胞集会が特に重要な意味をもつのは、それが一〇人程度の小さなメンバーシップをなし、現実的な祈りの共有と結びついた共同性を強く実感させるからである。それによって、細胞集会自体がさまざまな問題に対する扶助組織的な性格を帯びていくのである。特に、一時的な困窮に対する金銭や物品による直接的援助以上に重要な意味をもつのは、細胞集会自体が、ウォンらが指摘するように社会関係資本を生み出す基盤となっている点である。多くの信徒にとって、新たに教会に通い始めること自体が、いわば新たな社会関係獲得の機会となっている。しかし、日曜礼拝だけに参加している段階から、細胞集会のメンバーになることによって、人間関係の親密度は明らかに高まってくる。

例えば、第三章第二節で紹介した一九六五年生まれの男性Mの場合、地方の農場でトラクターの運転手をしていたが、職をなくして首都のウランバートルに移住し、唯一の親戚である妻の姉を頼って身を寄せていた。教会に通うようになり洗礼を受けたのち、教会からゲルを与えられ郊外のゲル地区に住居を構えることになる。すぐ隣には同じ教会のキリスト教徒の家族が居住して

図4-1　教会から受けている援助

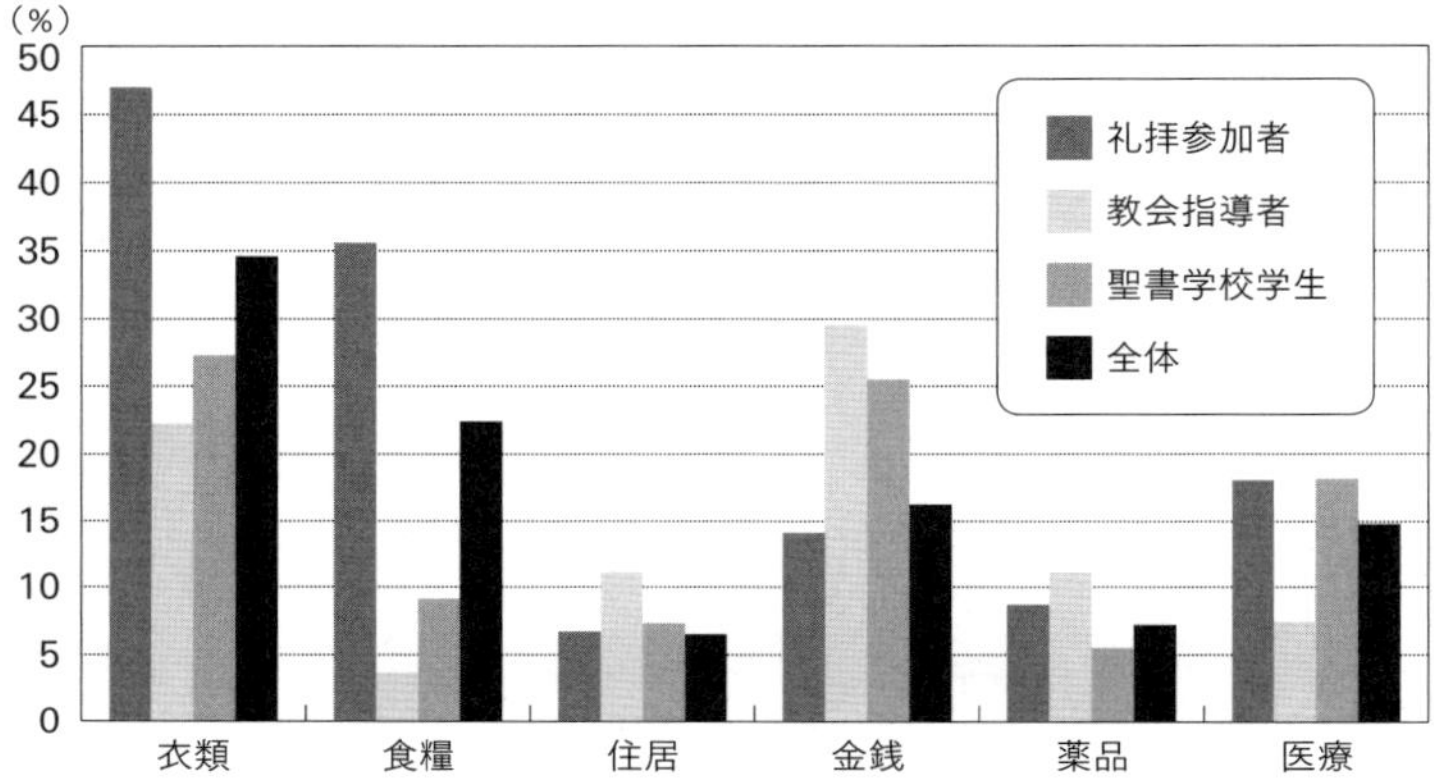

いる。地方からすべてを失い都市に移住してきた人々が、居住許可を得て住居を構えることも、近隣に信頼できる知り合いを得ることも、一般的にはきわめて難しい。ちなみに、ウランバートルでは近隣世帯とのつきあいは希薄で、隣の住人ともまったく交友がないということも珍しくないのである。そのようななか、細胞集会によって結ばれる親密な人間関係は、社会関係資本としてきわめて大きな意味をもつ。男性Mのように、都市生活において有効な社会関係をもたない地方からの移住者や貧困層にとっては、特にその意味は大きい。

このような援助がどのような信徒に対してもすぐに与えられるわけではない。日曜礼拝に参加するだけの一般信徒に対して通常与えられるのは、衣類や食糧などである。より深く教会に関わることによって、援助の質も変わってくる(図4-1)。この男性の場合、あらゆる仏教的習慣をやめ、飲酒をやめ、細胞集会に参加することによって、教会における有効な社会関係を築くことができたのである。そのような関係を築くことなく、一時的に物品や金銭の供給を受けるだけの周辺的な信徒も多いが、そのような信徒はいつまでも周辺的な位置にとどまる。

❊信仰・経済・身体の位相

以上のように、援助と信仰の関係はかならずしも相反するものではなく、信仰を深めることと教会から利益を享受することとが深く結びつきながら同時に存在していることは多い。教会の運営に深く関わるようになると、牧師や長老などの有給の職を得ることにもつながる。また第三章第二節で紹介した女性Nのように、教会で開講されている英語教室の教員をすることによって収入を得ている人もいる。また、教会を通じてキリスト教系NGOで働いている人も多いが、このように教会は援助のグローバルなネットワークの接点ともなっており、ここでも信仰を通じた教会との深い関わりが前提となってくるのである。

多くの信徒が、教会に通うようになって生活の状況が改善したと感じている。先述のアンケート調査によれば、全体の七六・四パーセントが何らかの程度で生活状況の向上を実感している（表4-2）。向上の内容には、経済的なものから精神的なものまでが含まれると思われるが、信徒はそのような生活の改善を「神の慈愛、救い、信仰、祈り」によるものであると認識している。つまり、援助による生活状況の改善は、より信仰を深めていく契機となっていくのである。信仰と援

表4-2　生活状況の変化に対する認識（自由記述から算出）

	神の慈愛，救い，信仰，祈り	信仰の不足，宗教間の不和	自分自身	社会の経済・政治的変化，民主化	その他	N.A.	計
とても向上・向上した	161	0	3	4	3	30	201
とても悪化・悪化した	0	2	3	4	4	3	16

＊ “その他”の内容としては，「とても向上・向上した」の場合，
悪習（酒，たばこ）からの脱却や，家族の稼ぎの増加などが含まれる．
また，「とても悪化・悪化した」の場合，家族の問題や，借金，酒などが含まれる．

助のあいだにはこのような循環関係がある。

以上のような祈りと援助の関係は、両者を包み込む同じ地平にあるというよりも、信仰の位相と援助、つまり経済的な位相が別の次元にありながら、関連し合っていると考える方が理解しやすい。そのように考えたとき、キリスト教の信仰を「実利的」であるとする批判の構造が、キリスト教が「非伝統的」であるとする批判の構造ときわめて似ていることが分かるだろう。実際には、この二つの位相のずれが、信仰と経済状況の改善のあいだの循環的関係を生み出しているのである。

信仰とのあいだの循環関係は、「病気の治癒」についても当てはまる。先述したように、多くの信徒の祈りのなかには、「病気の治癒」が含まれている。アンケート調査によると、全体の四六・〇パーセントが教会に通う目的の一部に病気の治癒を含んでいる。[16]具体的に、どのような不調があるかが礼拝や集会において表明されると、その治癒を神に請う祈りが全員で捧げられる。一部の教会では、礼拝のときに病人を前に立たせ、全員で手のひらを病人へ向けて祈りを捧げる。そのような祈りによる直接的かつ奇蹟的な治癒は、福音派教

会を特徴づける重要な要素となっている。例えば、毎年夏に病気の治癒を主な呼び物とするイベントが開かれるが、世界アッセンブリーズ・オブ・ゴッドの元総裁チョー・ヨンギを招いて行われたイベント「ハーヴェスト二〇〇四」では、ウランバートル市のスタジアムに二日間でのべ六万人(主催者発表)を集めた。そのようなイベントで、車いすの者が松葉杖を捨てて立ち上がったり、盲目の者の目が見えるようになったりする様子は、イーグルTVなどを通じて大々的に放送された。

第三章であげた遊牧民の女性Oの場合にも、胸にあった腫瘍が自然に消えたり、彼女自身の祈りによって家畜や他人の病気が改善したりするなど、多くの奇蹟を経験している。このような体験は、教会やその他の場所で「証し」として語られ、多くの人々を引きつけている。

このような「奇蹟」とは別に、教会はさまざまな医療サービスを行っている。表4-1にも見られるように、医療サービスは教会が提供する援助活動のなかでも一定の位置を占めている。特に、アルコール中毒については、更生施設への入院から医師による治療まで、高度なシステムを用いて行われる。アルコール中毒は現代モンゴルを代表する社会問題であり、飲酒に対して厳しい態度をとる福音派は、その点に関しては一定の社会的評価を得ている。先述の男性Mも、福音派に入信してアルコールから抜けることができた信徒の一人である。「奇蹟」によるものであったとしても、医療サービスによるものであったとしても、このような病気の治癒は、彼ら自身の信仰の証しとしてさらに信仰を深める契機となっていく。

例えば、ルター派教会で評議員を務める高齢の女性は、仏教寺院で病気をみてもらったところ、もう長くはないと言われたにもかかわらず、キリスト教会に入ってから一〇年近く無事に生きていることが、より信仰を強めていく要因となっている。そのことを知っているので、仏教徒である家族も、キリスト教式の葬儀を行うことを承知してくれるだろうと話す。(17) この教会では、薬や注射などの無料サービス、独居高齢者の世話などを行っている。そのような活動が、この女性の状態に影響を与えている可能性も考えられるが、彼女自身は現在の状態を神の恵みとして受けとめ、家族も同様に理解してくれると期待するのである。

一方で、身体的位相は、福音派を含めた諸宗教の競合の舞台ともなりうる。病気の治癒をめぐって仏教からキリスト教への入信を果たすこと自体が、それを表している。つまり、病気の治癒が仏教からキリスト教への改宗の契機となるのであれば、まったく逆の可能性も考えられるからである。実際、ある男性は長年維持してきた福音派の信仰を捨ててシャマンのもとへ通うようになったが、その理由の一部には病気の問題が関係していた。

シャマニズムの儀礼や仏教寺院の祈禱、モンゴル伝統医療、インド系新宗教が行うヨーガ教室、そして近年モンゴルで流行を見せるレイキなどは、すべて病気の治癒をめぐる競合関係にある。人々は、それらを組み合わせ、あるいは渡り歩くことで、どうにかして治癒にたどり着こうとする。福音派教会は、奇蹟と医療サービスを通してこの競合関係のなかに入り込んでいるのである。彼らがもち込む体系的なサービスは、他より一歩抜きん出ている面があるが、おそらくそれだけではこの地平から抜け出すことはできないだろう。

福音派が他の競合相手と異なる点はいくつかあるが、まず、病気の治癒による救いは、教会を通して信徒が神から受け取る、経済的なものなどを含めた「全体的な」救いのなかに位置づけられることである。それによって、治癒が単なる身体的位相にあるだけではなく、信仰的位相に位置づけ直されることになる。場合によっては、教会は病気の治癒だけではなく、病気が治癒しない場合でさえ、天の楽園へと導かれる心の平安を信徒にもたらすのである。

一方で、福音派は競合相手が「宗教」である場合には、それらとの共存を認めない。そのことは、しばしば循環的な深みへとはまっていく宗教的治療に対して、それらを一度に捨て去ってしまう機会を与えることもある。例えば、第三章の女性Nや女性Oの事例では、彼女たちは、子どもの死を原因とする苦しみと信心の循環的な深みから、仏像の廃棄というかたちで決別を果たしている。

以上のように、福音派教会は、その競合相手と比べたとき、病気の治癒が単に身体的位相にとどめられるのではなく、信仰的位相との交錯する場所に位置づけ直されやすい傾向がある。もちろん、そこに、信徒の病気をとりまく教会の社会関係の全体的な関わり合いがあることも、それを助ける一つの条件となっている。

❊救いの共同性

経済的な援助や病気の治癒をめぐる教会の活動は、確かに教会の「実利的側面」として捉えることができるだろう。実際、そのような実利的側面は、教会に人々を集める大きな要因となっている。それは、中核的な信徒の外側に多数の周辺的信徒を含み込んだ共同性を教会に生み出している。しかし、福音派教会の実利的側面を、「本当の信仰」と完全に相反するものとして捉えることは難しい。

本節で見てきたように、教会の実利的側面がそれによって「本当の信仰」を強化していく側面があると同時に、信仰の深まりは教会をより実利的なものにしていく、というような循環的な構造がある。そこで重要な役割を果たしているのが、細胞集会などによって共有される「祈り」である。信徒の一人一人が直接的に神に捧げる「祈り」には、人々のきわめて個人的な願いや悩みが含まれている。それは、細胞集会のような親密なメンバーシップのなかで共有され、一方で援助や相互扶助を通して信徒同士を結びつけていく。「奇蹟」を含めたあらゆる手段によって「祈り」がかなえられたとき、人々はそこに神の慈愛を見出し、信仰をより深めていくのである。

一方で、日曜の礼拝や祈りの集会、細胞集会などにおいては、そのような救いの体験が盛んに語られる。それは神の慈愛の「証し」であると同時に、改宗体験、つまり自分自身の変化の体験の語りでもある。改宗による「新しい人間」への変化が、救いの体験という証しによって確信されるという一連の物語は、救いを求める他の信徒たちの「祈り」を新たに生み出していくことになる。このような循環的なプロセスが、彼らの集団性の核心にある。そこでは、いわば「救いの共同性」ともいうべきものが生み出されているのである。(18)

モンゴルの福音派教会の集団性に着目したブライスは、祈りや証しよりも、教会における賛美歌の歌唱などにみられる集団性に注目し、そこにモンゴルの教会の特徴を見出そうとしている[Blythe 2000:186]。確かに、特に信徒の年齢層が低い教会では、歌唱が人々を引きつけ、教会の共同性において重要な意味を有している場合があることも事実であるが、それは少なくとも現在の福音派教会においては一つの側面にすぎない。ブライスの指摘の要点は、歌唱などにおける集団主義的側面をとりあげて、福音派の本来の特徴である信仰の文化的非媒介性、つまり個人と神との直接的関係性が、モンゴルにおいては完全な形では実現されていないことを強調することにあった[Blythe 2000:219]。しかし、このような視座は、信仰の実践的側面や反省的な信仰の自己認識、教会へ通う意図や改宗体験に対する直接的な情動などのすべてを平面的に捉えすぎている。本節で見てきたように、福音派の共同性の特徴は、特定の帰属意識や集団主義ではなく、あくまで個人主義的な苦悩や要求にもとづきながらも、全体として集団的な実践を生み出していく立体的な様態にある。

そのような共同性は、特定の集団に対する帰属意識ではなく、まさに個人主義的な信仰にもとづいているため、きわめて流動的な性格をもっている。信徒は必要に応じて、別の集団、つまり別の教会へ移ることも制約されていない。このような流動的性格は、国内のみならず国際的な移住者のあいだにおいても重要な役割を果たしている。次節では、在米モンゴル人を結びつけるものとしての福音派教会をとりあげながら、その共同性について見ていきたい。

第三節　越境する共同性——在米モンゴル人教会

※国外のモンゴル人教会

福音派教会における親密な関係性は、モンゴル国外においても大きな役割を果たしている。二〇〇四年の情報によると、世界一六か国で九九の福音派教会にモンゴル人が通っていると報告されている[Pillar 2004:8–9]。特に、最大の国外出稼ぎ先である韓国においては、規模の大きな教会のなかにモンゴル人のための集会があり、その数は多いときで七〇に上った[19]。そもそも韓国においては、国外出稼ぎに教会のネットワークが関係していることもあり、在韓モンゴル人のネットワークおよびコミュニティ形成にキリスト教が果たしている役割は非常に大きい。トゥグトグトフの調査によると、在韓モンゴル人のうち四一・五パーセントがキリスト教徒であり[20]、三七・二パーセントの仏教徒を上回っている。しかし、在韓モンゴル人自体の人口は二〇〇六年をピークとして減少傾向にあり[21]、それにともなって集会数も約六〇程度にまで減っている。それは韓国では全体として在留期間が短いことも関係している。二〇一〇年の国勢調査によれば、八四・七パーセントが五年以下の滞在となっており、一一年以上滞在している者は一五・三パーセントにとどまる[MUÜSKh 2011:149]。つまり、在韓モンゴル人の流動性を反映し、一時的に滞在するモン

図4-2　在米モンゴル人永住権取得者数累計

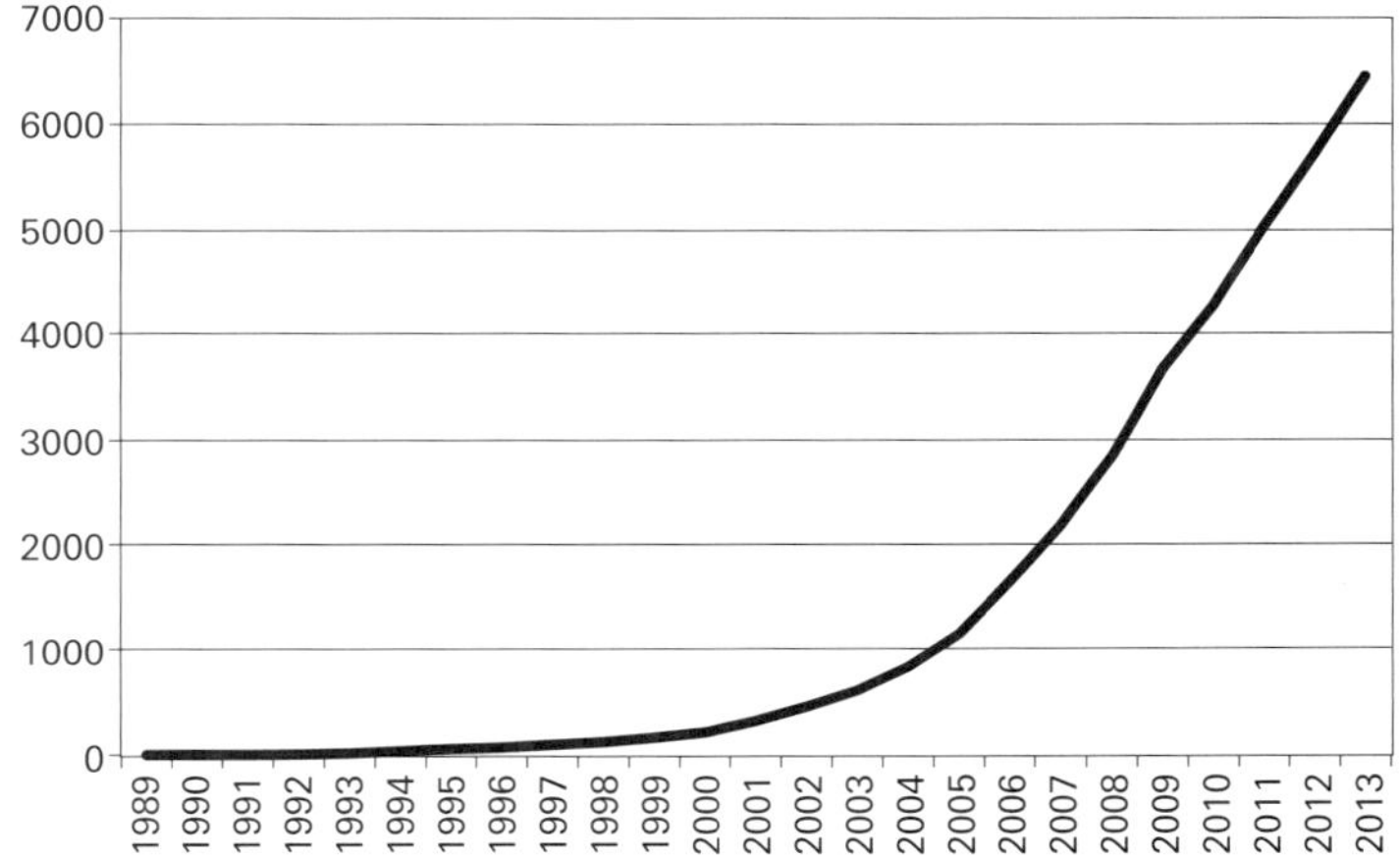

＊ *Yearbook of Immigration Statistics: 2013*, Table3 Persons Obtaining Lawful Permanent Resident Status by Region and Country of Birth: Fiscal Years 2004 to 2013（http://www.dhs.gov/sites/default/files/publications/immigration-statistics/yearbook/2013/LPR/table3d.xls）および *Yearbook of Immigration Statistics: 2003*, Office of Immigration Statistics, 2004（http://www.dhs.gov/xlibrary/assets/statistics/yearbook/2003/2003Yearbook.pdf）, p.17 より算出.

ゴル人のコミュニティ形成に対して教会のネットワークが意味をもっているものと考えられる。そして、そのネットワーク自体が渡航の機会を提供するような循環的構造をもつ。

それに対して、米国における教会はより恒常的な意義をもちつつあるようである。在米モンゴル人については、先述の国勢調査で一一年以上の滞在者が四三・二パーセントとなっており［MUÜSKh 2011：149］、永住権取得者数も二〇一三年には累計六〇〇〇人に達している（図4-2）。米国最初のモンゴル人教会が設立される時期と永住権取得者数が増え始める時期は重なっており、その増加にともなって教会数も増えている。

表4-3　在米モンゴル人教会一覧

都市	英語名	モンゴル語名	設立者	設立年	代表者	全会員数
Seatle, WA	New Port Community Church	*Siatli Mongol Chuulgan*	M	2009	M	30
San Francisco, CA	Immanuel Church	*Immanüyel Mongol Khristiin Chuulgan*	M・K	2007	M	50
Oakland, CA	First Mongolian Community Church	—	M	2006	M	60–100
Sacramento, CA	Christ Love Church	*Khristiin Khair Süm*	M	2008	M	—
Sacramento, CA	Del Paso Community Church	—	M	2012	M	10
Los Angeles, CA	Los Angeles Mongolian Church	*LA Mongol Chuulgan*	M・K	2003	M	60
Los Angeles, CA	Christian Mongolian Church	*Shinchlel Khristiin Tsuglaan*	—	2010	M	20
Orange County, CA	Orange County Mongol Church	*Oranj Kaunti Khristiin Mongol Chuulgan*	M	2010	M	15–20
Denver, CO	Colorado Mongolian Church	*Kolorado Mongol Chuulgan*	M・K	2002	M	10
Chicago, IL	Antioch Mongolian Churh	*Antiokh Mongol Chuulgan*	M	2005	M	50
Chicago, IL	Chicago Mongol Church	*Chikago dahi Mongol Chuulgan*	K	2002	K	40
Chicago, IL	—	*Zalbiralyn Örgöö Chuulgan*	—	—	M	10
Arlington, VA	Washington Mongolian Church	*Vashington Mongol Chuulgan*	K	2002	K	220
Arlington, VA	Grace Mongolian Community Church	*Enerel Chuulgan*	M	2007	M	60
Annandale, VA	Oneness Mission Church	*Negen Biye Mishion Tsuglaan*	K	2011	K	10
New York	New York Living Love Church	*Amid Khair Chuulgan*	M	2012	M	10
Charlotte, NC	Carolina Faith Church	*Karolain Itgeliin Chuulgan*	K	2012	M	6

＊1　在米モンゴル人教会第5回合同宣教大会プログラムより作成.
＊2　設立者・代表者のMとKは，それぞれM：モンゴル人，K：韓国人あるいは韓国系アメリカ人を指す.

キリスト教徒の割合は、韓国ほどは多くはないと考えられるが、それでも現在、モンゴル人の福音派教会が一七存在し、一定数の信徒が教会へ通っている(表4−3)。

米国において本格的なモンゴル人による福音派教会が設立されるようになったのは二〇〇二年頃からであり、それ以降漸増してきた。最初に在米モンゴル人教会が設立されたのは、米国における主要なモンゴル人の移住先の一つであったデンバーであった。この教会を設立したのは韓国人のホアン牧師である。彼は、民主化まもない時期からモンゴルにおいて宣教を開始し、モンゴルの福音派教会発展に寄与してきた外国人指導者のうちの一人である。彼は、当時増えつつあった在米モンゴル人に対する宣教のために渡米し、二〇〇二年にデンバーに最初のモンゴル人教会であるアメージング・グレース・モンゴル教会(Amazing Grace Mongolian Church)を設立した(二〇一二年よりコロラド・モンゴル教会(Colorado Mongolian Church)に名称変更)。

ホアン牧師は、デンバーの教会設立後、二〇〇三年にワシントンDC郊外のバージニア州アーリントンに移ってワシントン・モンゴル教会(Washington Mongolian Church)を設立する。これは現在、米国におけるもっとも大きな教会であり、二二〇人の会員数を誇っている。また、多くの教会が他の教会の建物を借用しているなかで、本教会は独自の建物をもつに至っている(写真4−2)。二〇一三年三月には、ワシントン・モンゴル教会一〇周年を記念する在米モンゴル人教会第五回合同宣教大会が四日間にわたって開かれ、全米から集まった三〇〇人ほどの信徒が連日の合同礼拝に参加した(写真4−3)。

写真4-2　ワシントン・モンゴル教会

写真4-3　在米モンゴル人教会第5回合同宣教大会

ロサンゼルスにおいても、韓国人のリー牧師によって二〇〇三年に設立されたロサンゼルス・モンゴル教会がある。リー牧師もまた、モンゴルでの宣教を経験した一人であったが、二〇〇二年にロサンゼルスの神学校で学ぶために渡米した際、モンゴル人キリスト教徒と出会い、教会を設立することになった[Kang 2005]。

このように、在米モンゴル人教会には韓国人牧師が関わっていることが多く、現在一七ある教会のうち七つが韓国人牧師によって設立されたものである。このことは、福音派教会と在米モンゴル人社会の双方において韓国人あるいは韓国系アメリカ人が果たしている役割の重要性を表している。韓国に滞在中にキリスト教会へ通っていた人が、韓国から米国へと移ってきて教会に通う場合も多い。そこにモンゴルで宣教していた韓国人牧師が加わることによって、モンゴル、韓国、米国を結ぶ福音派のつながりが形成されるわけである。また、そもそもキリスト教徒に限らず、米国において韓国人の経営する企業や食堂で働いているモンゴル人は非常に多い。例えば、二〇〇五年頃の情報では、ロサンゼルスに在住する二〇〇〇人ほどのモンゴル人のほとんどがコリアンタウンに居住し、働いていた[Kang 2005]。同じアジア人であるという親近感と、韓国人のなかにいると目立ちにくいということ、言語的な近さなどがその要因となっているようである。韓国に滞在経験がある人にとっては特にその意味は大きかった。

❊在米モンゴル人教会の共同性

福音派信徒が米国移住に際して教会へ通うことは、さまざまな意味で有益であった。それは信仰的な意味だけではなく、信仰にもとづくつながりによって移動そのものや彼の地への定着を容易にさせてきたからである。しかし、一方で、教会はキリスト教徒以外のモンゴル人も引きつけ、場合によってはそのなかから新たな信徒を獲得してきた。例えば、二〇〇二年に設立されたデンバーのアメージング・グレース・モンゴル教会では、設立以降四年ほどのあいだは常に四〇〜五〇人以上の人々を集めていた。それは、単に在米福音派信徒の信仰に応えていただけではなく、移住まもないモンゴル人たちの交流の場ともなっていたからである。

現在、この教会の「長老」を務めている三〇代の女性も、教会に通い始めたのは渡米してからである。彼女は、二〇〇二年に渡米してから、デンバーに滞在する他のモンゴル人たちと出会うために教会に通うようになったと言う。モンゴルにいるときには、キリスト教は外国のものというくらいの認識で、福音派とモルモン教の区別もついていなかった。教会に通ううちにキリスト教について深く知るようになり、その信仰に引きつけられていったと言う。[22]

しかし、彼女と同じような動機でデンバーの教会に通っていた人々の多くは、そこまで中核的な信徒になることはなかった。ホアン牧師のあとを継いで牧師となったバヤルマグナイ氏は、モンゴルにおいても米国においても、教会に中核的な信徒と周辺的な信徒はいるが、米国の方が周辺的な信徒の割合が多かったと述べている。人々は、モンゴル人に会いたい、モンゴル料理が食べたい、と言って教会にやってきた。あるいは、教会の人脈を通して仕事を探したり、住む家を探したりするなど情報交換の場ともなっていた。教会はモンゴル人の生活相談所のようになり、牧師自身ことあるごとに呼び出されて、病院や警察で通訳なども行ったと言う。[23]

また、教会は民族を越えたネットワークの結節点ともなっていた。米国で生活するためには、韓国人をはじめとする他の移民社会と関係をもっていることがさまざまな点で有益であったが、一般的なモンゴル人はそのようなつながりをもっていなかった。一方で、デンバーのモンゴル人教会は民族を越えた福音派の国際フェローシップに所属していたため、韓国人やベトナム人、メキシコ人などの移民社会との接点ともなっていたのである。

しかし、教会は二〇〇六年頃から衰退し、二〇一三年には週ごとの礼拝はわずか数名ほどを集めるだけとなった。そこにはいくつかの要因があり、第一に、二〇〇六年にコロラド州が実施した不法滞在者に対する規制の強化により多くのモンゴル人が他州へ移動してしまったこと。第二に、同じ頃にバヤルマグナイ牧師がモンゴルへ帰国してしまったこと。第三に、モンゴル人協会を中心とするさまざまなモンゴル人組織が形成されてきたことである。デンバーには現在、モンゴル人向けの小学校が二校あり、また音楽や絵画などのモンゴル文化教室、サッカー、バレー、卓球、ボーリングなどのモンゴル人スポーツチームがある。現在、五〇〇人ほどがコロラド・モンゴル人協会に登録しているが、彼らが集う場所はもはや教会である必要はなくなった。このことは逆に、デンバーの初期のモンゴル人社会においては、教会がきわめて重要な意味をもっていたことを表している。当時の教会には、中核的な信徒の周りに厚い周辺的な信徒の層が形成されていたのである。

デンバーの教会は最盛期に比べて大きく衰退してしまったが、アメリカ全体でみると教会数も教会員数も増加してきている。シカゴやワシントンDCなど多くのモンゴル人が居住する都市では、教会はまだその重要性を失っていない。このような在米モンゴル人教会の社会関係資本としての重要性、つまり「実利的」な側面は、母国におけるものより比重が大きくなっていることは確かであろう。しかし、一方で分厚い周辺的な信徒の層が、より中核的な信徒の予備的な存在としてあることはモンゴルにおけるのと同様である。

例えば、ワシントン・モンゴル教会に運転手として勤める三〇代の男性は、長らく信仰をほとんどもたないまま教会に通っていた。しかし、配偶者が鬱病にかかった際にホアン牧師が献身的に祈り助けてくれたことと、それによって症状が改善したことから、自身の信仰を深めることになったと言う。[24] 信仰を深めるようになるきっかけは人によってさまざまだが、教会が在米モンゴル人社会との結節点として人々を引きつけていることが、信仰への入り口として重要な意味をもっている。そのような周辺層のあり方自体は、母国におけるものと若干異なっている。

また、米国においてキリスト教がマジョリティである点も、モンゴル国とは異なる改宗のあり方を生み出している。キリスト教への改宗は、社会的レベルではアメリカ社会への適応を促進するものとなりうるからである。

例えば、ロサンゼルス在住の三〇代の男性は、教会に通うようになって一〇年近くになるが、本当の信仰をもっているという実感はほとんどなかった。しかし、あることをきっかけに彼は神の実在を実感することになる。彼は、運転手として信徒を乗せてキリスト教の大きなイベントへ向かっているときに交通違反を犯してしまい、しかも身分証や運転免許証をもっていなかったため拘束されそうになった。しかし、イベントの主催者へ連絡したところ、事情を知った警察が即時無条件に彼を解放しただけではなく、イベント会場まで彼を護送してくれたと言うのである。彼は、米国におけるキリスト教の影響力を実感するとともに、そこに神の力を感じ取り信仰を深めたと言う(25)。

※民族的アイデンティティと在米モンゴル人教会

モンゴル人同士あるいは他民族との架け橋になるという意味で、社会関係資本としての実利性は、人々を教会に引きつける大きな要因であったが、一方でバヤルマグナイ牧師の述べたように、モンゴル語を話し、モンゴル料理を食べることなど、異郷にあってモンゴル人と会うこと自体が彼らにとってもう一つの大きな目的であった。

米国におけるモンゴル人の滞在期間は、永住権の取得などによって長期化する傾向がある。ちなみに永住権をもつモンゴル人の累計は二〇一三年時点で六〇〇〇人に達している。モンゴル人が米国に長期的に定着するようになると、モンゴル人としてのアイデンティティの問題を少しずつ実感するようになってくる。母国においては、民族的アイデンティティは想像の域をなかなか出ないが、在米モンゴル人にとっては、民族間の衝突や移民二世の言語の問題など身近な生活のなかで日常的に実感させられる問題となっている(26)。人々は、そのようなアイデンティティ確認のための共同性を求めている。

例えば、デンバーにはモンゴルのガンダン寺から派遣されたラマのもとで日曜ごとにノミーン・フルド(教えの輪)という集会が開かれており、読経や瞑想、教義の勉強会などが催されている。この集会は二〇〇四年から現在に至るまで中断なく行われており、もっとも活動が盛んだったのは二〇〇八年頃で、毎週二〇人ほどがやってきていたと言う。同様の仏教による集会はロサンゼルスでも行われている。決して規模は大きくないが、このような一般信徒を集めたサークルは、母国ではほとんど見られない。主催者のアルタンオチルは、米国においてこのような集会が可能となっている背景には、民族の誇りやアイデンティティの問題があると言う。例えば、モンゴルの伝統文化を知らしめるため、一〇代の子どもを積極的に参加させる母親もいると言う。民族的アイデンティティを実感する機会の少ない母国においては、このようなサークルの可能性はより限定されている。一方で、このような集会が、決して真似をしているわけではないものの、結果としてキリスト教の集会と似たような形式になっていることを彼は認めている。(27)

このように、福音派教会は、モンゴル人が集まり民族的アイデンティティを確かめ合う共同性のモデルとなってきた。それは、モンゴル人のための教会、つまり「モンゴル教会」というかたちをとることによって可能となってきた。一見、外来の宗教を民族的アイデンティティの拠り所とすることには違和感があるかもしれない。しかし、第二章でも論じたように、仏教はモンゴルの民族的伝統と結びつけられてきたのに対して、福音派はキリスト教を「宗教ではない」というかたちで普遍化することによって、改めて民族と結びつく可能性を開いてきた。それは、一部で、キリスト教内部における民族主義的傾向として表れている。このような母国での傾向が、そのまま米国において当てはまるわけではないが、実際に多くのモンゴル文化が仏教的要素をそぎ落とすかたちで在米モンゴル人教会にもち込まれている。例えば、教会ではモンゴル料理が供されるだけではなく、旧正月が祝われ、夏の祭典であるナーダムが行われる。また、二〇一三年三月の合同宣教大会でもモンゴル舞踊や歌謡が披露された。「内容においてキリスト教的、形式において民族的」な文化形態が、異郷においてより意識的なかたちで実施されてきたのである。このような国外のモンゴル人教会は、今後、「離散したモンゴル人」を結びつけるものとしてのキリスト教というイメージを提供していくことになるかもしれない。

終章

福音派の越境が意味するもの

信徒の結婚式で馬頭琴を奏でるドゥゲルマー牧師

牧師の司式により神に誓いを立てる新郎新婦

※福音派が越境してきたもの

民主化以降のモンゴルにおいて、福音派を含めた「キリスト教」は外国の宗教として入ってきた。「外国の宗教」というレッテルはいまだ強く、キリスト教は民族主義的な批判の標的となっている。このような「民族」に結びつけられた「宗教」の捉え方は、「宗教は当該人民の民族文化の不可分な構成要素である」という体制移行期における人民革命党の公式な言説のなかに端的に表れている。これは一方では人民革命党のヘゲモニーをめぐるレトリックだったが、他方ではキリスト教が宣教を行う場合に越えなければならない現実の壁でもあった。

一九世紀にモンゴルを宣教したJ・ギルモアも、同じような壁に直面していた。「モンゴル人がキリスト教をいくらか理解し始めてくると、彼はたいがいの場合、すっかり満足の意を表して、キリスト教がよいことを肯定する。それは彼の宗教に似ている。いや、彼自身の仏教と同じだ、とも言う。さて、問題がここまでくると、今度は彼とともに考えて、キリスト教と仏教との相違を指摘してやる必要が生じてくる。やがて、よきキリスト教徒であり、よき仏教徒であることが許されないことに思い至ると、彼はこう考えるのだ。すなわち、彼自身かくまでよいと信じる仏教がすでにあるのに、また別の新しい宗教をもってくることはまったく必要ないのではないかと」[Gilmour 1907:212]。人々が異国のものを自分たちのものとはっきり区別しながら、自分たちの仏教を、単純に異邦人にとってのキリスト教に当てはめていることを、ギルモアは痛切に感じていたのである。このような壁を乗り越えるためには、より普遍的なレベルでこれら二つのものの違いを理解させなければならない。しかし、かつての宣教師たちはこの壁を乗り越えることができなかったため、社会主義時代以前に行われたモンゴルにおける宣教は、ほとんど成功することはなかった。

それに対して、社会主義体制崩壊後の福音派はその壁を越えて広がってきた。移行期における主要な宗教言説が民族の違いを宗教の壁として押しつけようとしたにもかかわらずである。なぜ、そのようなことが可能になったのだろうか。福音派の「キリスト教は宗教ではない」という主張は、それを解くうえで重要なヒントを与えてくれる。彼らにとって、福音派への改宗は、「伝統的宗教」から「非伝統的宗教」への改宗ではなく、第一に「宗教」との決別を意味することになった。信仰的位相における「宗教」から「キリスト信仰」への越境は、民族的位相から切り離された次元で改宗を達成させるのである。キリスト教が「宗教」ではなく、「個人と神との直接的な関係性である」とすれば、個人がどの民族に属しているかは主要な問題からは外れてくることになる。仏教的起源と社会主義による無神論を経た「宗教」という言葉は、福音派のこの言説のなかにぴったりとはまり込んでいった。

信仰的位相と民族的位相のあいだのずれは、両者が新たなかたちで結びつくことを可能にする。例えば、外国人宣教師との対立などを通して改めて民族意識と信仰が結びつくことによって、福音派の一部に民族主義的な傾向が表れていることも確かである。特に翻訳をめぐる論争は、「言語」という「民族文化の不可分の構成要素」に関連しているため、民族的位相の境界を際立たせることになった。

一方で、一般信徒にとっては、そのような認識的側面よりも実践的なレベルで民族的なものと信仰的なものの折り合いをどうつけるかが問題となってきた。そこには、単に個人の信仰だけではなく、家庭のなかに積み重ねられてきた社会主義と宗教の記憶が影響していたからである。一部の信徒たちは日常的な宗教的実践を「伝統」と見なすことで、キリスト教信仰との折衷をなしとげてきたが、それは社会主義の反宗教政策に対する人々のレトリカルな対応とある程度、連続的に理解することができる。

また、家庭内祭祀は、信仰と家族関係のあいだで、どのように「宗教」との決別を果たすかという問題が表現される場でもあった。例えば、父母から受け継いだ仏像を処分することは、福音派信徒にとっても簡単なことではなかった。また、家族のあいだで信仰が異なる場合には、どのように家庭内祭祀と関わるかという問題も生じてきた。そのような問題への対処の仕方はさまざまである。独自の解釈と新たな実践の創造を通して、信仰と家族関係の葛藤を調整していく場合もあれば、改宗のラディカルな表現として、仏像をすべて処分するという解決策がとられる場合もあった。

改宗の条件としての「宗教」との決別は、日常的実践のなかで改めて再帰的に「宗教」を捉え直す契機となっていったが、その認識の仕方はきわめて多様であり、そのことは「宗教」との決別の内容にある程度の幅をもたせることになった。裏返せば、教会の共同性は、そのような信徒の多様性を包み込むようなかたちで存在していることになる。

教会の信徒の多様性を捉えていく場合に、教会に対する関わりの深さによって、中核的な信徒と周辺的な信徒を分けていくことはある程度可能である。教会は基本的に信徒以外の人々にも開かれており、貧富や民族の違いに関係なく、来る者を受け入れる。しかし、日曜礼拝に参加している人々のほとんどが月二回以上の参加者で占められており［滝澤 二〇〇六：九］、このような礼拝への積極的参加や、細胞集会などのメンバーシップによって中核的な信徒による親密な共同性は維持されている。

一方で、中核的な信徒と周辺的な信徒を結びつける重要な要素に、教会が積極的に行う援助活動がある。援助活動によって教会と関わる周辺的な信徒は、教会外の社会との接点として重要な意味をもっている。また周辺的な信徒は、徐々に、あるいはある体験を契機として信仰を深め、中核的な信徒になっていく予備群としても存在している。

信仰と援助の関係について、外部からは「キリスト教徒は実利的な関心で結びついているのであり、本当の宗教、信仰ではない」と批判されることが多い。しかし、実際には「実利的な関心」と「本当の信仰」は密接に結びついている場合もあり、単純な二項対立では捉えられない。特に、貧困や病気、家庭内暴力など具体的な問題の解決を求める人々の「祈り」は、細胞集会や祈りの集会の親密な共同性のなかで共有され、そこに独特の「救い」の共同性を生み出していく。教会の共同性は相互扶助的な意味をもつようになり、結果としての状況の改善は神の慈愛と受けとめられていくのである。

現代モンゴル社会全体の重要な問題関心である「病気の治癒」も、同様の共同性のなかに位置づけられる。教会が提供する「奇蹟」や医療サービス、アルコール中毒からの社会復帰プログラムなどは、人々に教会の共同性と結びついた「救い」を与える。それら一つ一つの個人的な苦難も、祈りによって共有され、その解決は「救い」として実現されていくからである。このような救いの証しは、日曜礼拝やイーグルTVなどで盛んに語られ、さらに人々を引きつけるものになる。

経済的援助にせよ医療にせよ、福音派を特徴づけるのは、改宗者の証しにおいても強調される「救われた」という感覚である。経済的あるいは身体的な位相から生まれた要求は、「祈り」と「救い」によって信仰という別の位相に回収されていく。

以上のように見てくると、福音派の特徴は、特定の位相上に引かれた境界の越境というよりは、さまざまな位相のあいだを横断していく能力にあるように思われる。民族主義や「伝統」、家族関係などに深く結びつけられた仏教は、ここまで自由に位相のあいだを飛躍していくことが難しい。福音派の場合には、「祈り」と「救い」という比較的単純な関係を軸に、個人と個人を結びつけ、位相のあいだを飛躍しながら広がっていくことが可能なのである。

米国などで、教会がモンゴル人同士を結びつけるネットワークとしての役割を果たしているのは、一部にはこのような共同性の特質が関係している。興味深いのは、異郷にあって、各地の

「モンゴル教会」が彼らの民族的アイデンティティを確かめ合う場となっていることである。この点に注目し、モンゴルの福音派における「宗教」と「民族」の関係をもう一度振り返っておきたい。

❊社会主義のあとで

信仰のきわめて個人主義的な性格は、福音派の重要な特徴であるが、それによって「民族」が無意味なものになるわけではない。むしろ、信仰の問題を「個人と神との直接的な関係性」という「民族」とはまったく異なる位相に捉え直すことで、もう一度、「民族」を「信仰」に結びつけることを可能にしている。この新たな「民族」と「信仰」の結合は、「内容においてプロレタリア的、形式において民族的」というスターリンのスローガンを思い起こさせる。信仰が、普遍的な福音主義的内容を獲得するためには、その前提として信仰の徹底的な個人化と抽象化が必要だった。第三章で論じたように、社会主義の反宗教政策は、その一つの重要な要因となっている。

一例として、「クリストイトゲル」という言葉の提唱者でもあり、現代モンゴルの福音派に教義面できわめて強い影響を与えているドゥゲルマー牧師の信仰について紹介してみよう。彼は、一九五三年にモンゴル南西部バヤンホンゴル県に遊牧民である父のもとに生まれた。一九六一年に、家族は県の首府に移住する。当時は、牧民の子どもでも能力によって優遇される時代であったため、成績が良かった学生時代にはハンガリーやポーランドへ外遊した経験もある。農牧業大学を卒業後、放送局アナウンサーの採用試験に合格したが、大学教授の勧めにより大学にとどまって研究を続けることになり、科学アカデミーで博士号を取得、八〇年代にはソビエトへ遊学した。彼は、専門の生物学以外にも芸術や政治の授業を受けもつなど、多彩な才能を発揮してきた。まさに典型的なインテリであった。

一九一八年生まれの父親は、かつて熱心な仏教徒で寺院にいたこともあったが、大粛清時代に還俗し、仏像も廃棄していた。しかし、いくつかの経典を家にもっており、民主化以降には、人に経典を読んであげるなど僧侶のような活動も行っていた。内心は息子にも僧侶になってもらいたかったようである。一方、母親はいちおう仏教徒ではあったが、社会主義時代には「宗教」にほとんど興味のない人だった。しかし、彼女は毎日数珠を手にして真言を唱えていた。母親もドゥゲルマーも、その行為を「宗教」(あるいは仏教)であるとは認識していなかった。

では、母親が行っていた行為は何だったのか、そして、彼女は何にすがっていたのか。ドゥゲルマーは、母親が「仏などというものはいない、と教えられているが、もしそうだとしても、向こう側には何かがいるのだ」と語っていたと言う。「向こう側にいる何か」、つまり姿は見えないが超越的な「何か」、という漠然としたものに対する信仰があったために、母親はドゥゲルマーがキリスト教への入信を勧めたとき、比較的抵抗なくそれを受け入れたと言う。一方で、父親は、亡くなるまでそれを頑なに拒み続けた。彼は、「父親は地獄に行ってしまった」と述べる[1]。

彼のきわめて純粋な福音主義的信仰の形成には、宗教に対する社会主義時代の記憶が強く影響している。まさに、反宗教政策は「宗教」とは言えない「何か」に対する「信仰」を一部の人々の心のなかに育んできたのである。

ドゥゲルマーにとって、このような「何か」は、社会主義時代を通して「宗教」よりも身近にあった。それゆえ、簡単に名前を与えられない。彼自身は、「神」の訳としてユルトゥンツィーン・エゼンもボルハンも適当であるとは考えておらず、模索的な態度を保持している［Dügermaa 2001:3］。啓示を通した神との直接的な関係性においては、まさにそれは「何か」としか表現しようがない。それに具体的な名前を与えるとき、その言葉の歴史がそこに影響を及ぼしていく。実際に、その二つの言葉は、福音派指導者のあいだに軋轢を生み出してきたのである。

一方で、ドゥゲルマーは、キリスト教の信仰とモンゴル伝統文化の積極的融合を試みてきた。その一つの成果が、二〇〇九年に出版された『伝統的・キリスト教的モンゴルの婚礼』［Dügermaa 2009］という手引き書である。彼はそのなかで、モンゴルの婚礼の一つ一つの手順をキリスト教の教義によって解釈し直していく。それは、モンゴルの民族的「形式」を精査しながら、それをキリスト教の「内容」に結び合わせていく作業でもあった。

また、彼は二〇〇〇年以降、モンゴル聖書翻訳委員会から事業を継承した聖典聖書協会のメンバーに加わり、聖書の改訳に取りかかる。彼が、特に力を注いだのが、専門である生物学の知識を活かしながら、聖書に登場する動植物を正しいモンゴル語に対応させる作業である。キリスト教とモンゴルの習慣あるいは言語とを結び合わせようとする彼の取り組みの背景には、モンゴルという「民族」の本質にもキリスト教的な信仰の芽が植えつけられているとする確信がある。例えば、彼は匈奴《きょうど》やチンギス・ハーンの思想のなかにまでキリスト教的信仰との類似を指摘する。(2) このようなドゥゲルマー牧師に対して、「キリスト教徒だから非伝統的・非民族的である」とする批判は無意味であろう。実際、伝統的な韻律詩を詠み、馬頭琴をはじめとするモンゴルのあらゆる楽器にも精通した彼は、きわめて「形式において民族的」である。

❊福音派の越境が意味するもの

モンゴルにおける福音派の流行という現象を以上のように捉えてくると、そこに「ポスト社会主義」という視座の意義を見出すことは難しくない。現在の福音派をとりまく宗教状況において、いくつかの重要な枠組みと境界は社会主義によって形づくられたものである。まず、もっとも重要な枠組みとして「宗教」それ自体がある。社会主義以前にはきわめて限られた用法であった「宗教」(*shashin*)という言葉は、社会主義によってより普遍的な概念として定義された。しかし、現実に反宗教政策の標的となったのは、普遍的な宗教ではなく仏教的祭祀など具体的な宗教的実践の一つ一つであった。宗教概念そのものは、外国宗教が締め出されていたために一般化の機会を失ったのである。そのことは、「宗教」という言葉にきわめて強い仏教的ニュアンスを残した。それは社会主義の一つの歴史的帰結であったが、意図せざる帰結であった。

一方で、公的領域における組織的宗教の弱体化と宗教的実践の排除は、私的領域に宗教を隠棲させることになった。その結果、人々は「宗教」をレトリック体系として解釈し直し、一部の宗教的実践を家庭内祭祀というかたちで維持してきた。そこで、社会主義時代の「宗教」に関する個別の記憶が人々の日常的実践のなかに埋め込まれていくことになる。これもまた、社会主義の意図せざる帰結であった。

これら社会主義の意図せざる帰結は、民主化以降に福音派が受け入れられていくときの前提となっていた。ここで特に重要なのは、人々の社会主義に対するレトリカルな対応は、ド・セルトーの言うような「戦術」的なものであったが、そのような「戦術」を通しても、限定された領域で特定のローカリティが形づくられてきたということである。人々は、抵抗や創造的営みを通して、社会主義のイデオロギーの網の目からある程度逃れることは可能だったかもしれないが、一方で、自ら生み出してきた「戦術」的なシステム自体が、彼らの社会関係や制度、習慣、言語、空間のなかに埋め込まれていったのである。それが、「意図せざる」にもかかわらず、「社会主義の帰結」である所以である。

ポスト社会主義モンゴルにおける宗教状況は、そのようなローカリティの再帰的な再編プロセスとして展開していくことになる。そのとき、本書で論じてきたように、福音派は信仰的位相を他の位相から切り離していくように作用してきた。特に、究極的な個人主義を背景とした、信仰的位相と民族的位相の乖離はその顕著なかたちである。この傾向は、家庭内祭祀の分析において見たように、社会主義時代に進行した宗教の個別化傾向の延長線上にあるが、福音派では個別化が家庭のレベルを越えて個人的レベルにまで達している。それにもかかわらず、福音派には、既存の宗教には見られなかったような、個人的な祈りの共有を通した「救いの共同性」を生み出してきた。人々を強力に個別化していくと同時に結び合わせていく福音派の社会的特性は、国内／国際移動や失業などさまざまな理由で孤立している人々を強く引きつけていくことになった。

福音派においては、民族だけではなく経済や身体などのすべての位相から信仰的位相が切り離されていく傾向がある。これらは、おそらく、福音派のもつグローバルなネットワークが、ポスト社会主義的なローカリティの解体にもっとも強く作用しているからであろう。教会の運営や援助活動をめぐる資金の流れ、宣教や出稼ぎ労働による人の国際移動、援助や医療のスキームの援用、国外在住者が発信する新たな民族的アイデンティティの表現など、あらゆるものがグローバルに流通し、ウランバートルだけではなく、モンゴルの地方都市や草原、デンバーやワシントンDC、ソウルなどのあらゆる教会で交錯する。これらは、A・アパデュライが「乖離構造」と呼んだものによって理解されるような現象である［Appadurai 1996］。つまり、福音派の流行という現象そのものが、モンゴルにおける乖離構造を捉えるための枠組みを求めているのである。

逆に、このような乖離構造を一面的に捉えることは、モンゴルの福音派について民族と信仰、あるいは援助と信仰を同一の地平で捉えようとしてきた批判者たちと同じ目線に立つことになる。しかし、このような解釈では、福音派をとりまく複雑な位相を十分に捉えることができないばかりでなく、複数の位相を一面化することでそれを統制しようとするような、力学的枠組みの再生産に荷担してしまうことにもなる。そもそも問題の対象とすべきは、そのような力学的機構そのものなのである。

　現代モンゴルにおける福音派キリスト教は、社会主義の歴史が深く刻み込まれたローカリティのコンテクストのなかに、グローバルな広がりをもつさまざまな位相が交錯し合うようなかたちで展開してきたと言える。そこで教会は、「神と個人の直接的関係」と「救い」にもとづく比較的単純な共同性を形成し浮遊している。それは、多層化したグローバルな位相をまといながら、それらが交錯する場所として、モンゴル社会のすみずみにまで潜り込んでいこうとしている。とはいえ、それはいまだ経過中のプロセスである。「ポスト社会主義」のローカリティが、福音派を強力に文脈化(コンテクスチュアライズ)していくのか。それとも、グローバルな波がそのようなローカリティを圧倒的に打ち崩していくのか。今後の福音派の動きを注視することは、モンゴルをとりまく世界の状況を理解するときの一つの鍵となってくることは確かであろう。

註

第一章

（1） この再建はスターリンが命じたものであった。一九四四年、ルーズベルト大統領の使節団がソビエト圏を訪れたが、西側に対して社会主義が宗教弾圧を行っていないことをアピールする必要があったのである［Kollmar-Paulenz 2003:19］。

（2） しかし、二〇〇五年を頂点に、その後は増減を繰り返し、二〇一三年には一四六となっている［MUÜSKh 2014:154］。

（3） 二〇〇四年から二〇〇五年にかけて、鈴木岩弓とツェデンダンバによって共同でウランバートル市を中心に三五〇人に対して行われた［鈴木 二〇〇七］。

（4） シャマニズムの再興をめぐる問題については島村［二〇一一］に詳しい。

（5） 長谷川（間瀬）恵美によれば、現在、カトリックの受洗者数は約八〇〇人である［長谷川 二〇一三：八九］。なお、リベラル派のプロテスタント教会は、いまのところモンゴルには入っていないと考えられており、管見の限りでも存在は確認できない。

（6） ただし、地域において両派を代表する連合団体が設立されている場合も多い。例えば、日本の場合、福音派に対する日本福音同盟、リベラル派に対する日本キリスト教協議会がそれにあたる。

（7） ただし、「福音派」や「プロテスタント」の定義および捉え方は、地域や教会によっても異なるため注意が必要である。

（8） AMONGのウェブサイトより（http://www.amongfoundation.com/accomplishments.shtml）。最終閲覧日二〇〇八年一月三日。

（9） 事件については、内田敦之による記述がある［内田 一九九七：一四四］。この事件はセンセーショナルなものとなったが、その真相は定かではない。ある福音派教会の指導者は、モルモン教の信者が起こした事件であると主張していた。

（10） 世界キリスト教情報は、一九九六年六月現在、モンゴルの福音派キリスト教徒を一万人ほどであると伝えている。また、『クリスチャン新聞』一九九六年一〇月六日号は、福音派の信徒数を六〇〇〇人から一万人ほどであると記しており、レザーウッドは、一九九八年四月までの改宗者数が約一万人であるとしている[Leatherwood 1998]。なお、「キリスト教徒」の割合については、一九九四年に実施された社会調査で二パーセント[Tsedendamba 2003:12–13]、二〇〇四年のモンゴル国立大学宗教学研究室による社会調査で六・七パーセント、二〇〇四年から二〇〇五年にかけて鈴木とツェデンダンバが実施した調査では五・五パーセントであった[Sarantuyaa 2004:157; 鈴木 二〇〇七:一五一]。ここには、福音派以外にも、カトリックやモルモン教、統一教会などキリスト教徒を自称する人々のすべてが含まれていると考えられる。

(11) 二〇一四年八月二三日のドゥゲルマー牧師に対するインタビュー調査より。

(12) 小規模な国際的社会調査あるいは国ごとの社会調査をもとにした報告としては、Tomka[1994]、Borowik[1994]、Andorka[1995]、Tomka[1995]などがある。

(13) 社会主義を宗教と類似のものとして捉える見方は、社会主義そのものが意識的に「新しい宗教」になろうとしていたソビエト初期の「建神主義」や[廣岡 一九八八:一七—二七]、プロパガンダや祭式へのキリスト教的要素の援用といった事実を踏まえている[Lewis 2000:16 など]。しかし、そのような類似がどれほど「宗教性」として正当なものであるかは、解釈者によって異なる。フローズは、サプライ＝サイドとしての社会主義が、「宗教的概念や物語の非経験的な本質について理解していなかった」[Froese 2004:47]ことを指摘しているが、それは社会主義の「宗教性」が「宗教」として「本質」的なものになりえなかったという認識を示している。

(14) このような解釈はしばしばなされる。例えば、ポスト社会主義研究の総括のなかで、ハーンは、「伝統的宗教実践の復興および新たな教団やカルトの台頭のどちらも、一つのイデオロギー体系としての社会主義における信仰の全般的喪失、という文脈において理解される必要がある」[Hann et al. 2002:6]と述べている。

(15) 同様の問題を小長谷有紀は、「社会主義的近代化」として対象化してきた。小長谷は、『『社会主義』のもとでの『近代化』』に関しては、とりあえずアプリオリに『社会主義的近代化』と他者化」して捉えてみることに意義を見出している［小長谷 二〇一一：八—九］。特に、資本主義との対比のなかで、その共通点と相違点の双方に注目しながら、社会主義をめぐる抽象的ベールを外し、実態を描き出していく必要性を指摘する［小長谷 二〇一〇：xii］。

(16) 塩川伸明は、理念・思想や運動としての社会主義とは区別し、現実に存在した体制としての社会主義諸国の実態を「現存した社会主義」という言葉で対象化している［塩川 一九九九］。

(17) 例えば、「移民の宗教」という問題もこの言葉から想起されるが、本書の主題には含まれていない。

(18) この定式は、一九二五年のクートヴェ（東方勤労者共産主義大学）における演説のなかで「母語による教育」の絶対的必要を述べた後に現れる［田中 二〇〇〇：九六］。

(19) 主な批判は、人々の信仰実践の複雑な実態が、「平行イスラーム」と「公式イスラーム」の単純な二項対立図式では描き切れないという点にある［Kandiyoti 2006; Rasanayagam 2006; 菊田 二〇〇八 など］。

(20) マルクス＝エンゲルスとレーニンの宗教に関する認識の違いは、レーニンがマルクス＝エンゲルスの認めていたような宗教の《自然死》を信じていなかった点にある。そこには、西欧とロシアの歴史的条件の差異が影響していた。つまり、宗教に対する闘争はブルジョワ革命の段階ですでにほぼ完了していた西欧に対して、ロシアでは事情がまったく異なったのである［廣岡 一九八八：四五—四七］。

(21) ド・セルトーは、行動のロジックを「戦略」と「戦術」に区別する。「戦略」がある意思と権力の主体が周囲から独立してはじめて可能になる力関係の計算のことであるのに対し、「戦術」は自分の固有のものをもたないことを特徴とする計算された行動のことである。戦術には自律の条件がそなわっていないため、自分にとって疎遠な力が決定した法によって編成された土地、他から押しつけられた土地の上でなんとかやっていかざるをえない。「自分の場所ももたず、全体を見わたせるような視界もきかず、からだとからだがぴったりくっついている時のように、目は見えないけれど敏感に動きを察し、時のたわむれの命ずるがままにしたがう戦術は、戦略が権力の公準によって編成されているのとおなじように、権力の不在によって規定されている」[ド・セルトー 一九八七：一〇三]。

第二章

(1) 民族主義は民主化以降のモンゴルにおいて非常な高まりを見せてきた。二〇〇〇年代後半以降は、暴力的な民族主義グループが、外国人や外国店舗に対する排斥・破壊運動などの過激な活動を行っている。彼らが標的とするのは、歴史的な被害者意識と結びついた中国であるが、その矛先は外国人一般へ向けられることもある[前川 二〇一四]。

(2) 本節で分析の対象にするのは、新聞・演説・法律などにおける宗教言説である。特に、民主化運動が始まる一九八九年から宗教法が成立する一九九三年末までの、人民革命党機関紙のウネン(*Ünen*)紙を中心に分析する。ウネン紙は、一九九〇年時点で発行部数一八万部のモンゴル最大の新聞であり[高瀬 一九九二：二二五]、大衆に対する党の公式見解を表していた。

(3) この政治改革は、いっこうに進展しない経済政策の行きづまりの打開を目指したものだった。特に、党内民主化の推進、党と国家機関の分離、選挙制度の民主化、議会の活性化、権限の分権化、司法制度の強化などで、ほとんどがソ連の改革をそのまま真似たものであった[鯉渕 一九九一：一八〇]。その中心的課題は党内民主化の推進であったが、その後の数回にわたる会議を経ても、新憲法や新党綱領などの制定による具体的な方向性は示されなかった[鯉渕 一九九〇：七一]。

(4) 一九八九年一月一日、元旦のウネン紙には「改編の年」の文字が躍った。

(5) 旧正月は、社会主義時代でも完全に禁止されていたわけではない。それは、草原部では「牧民の祭り」という名の社会主義的祭日として実施されており、都市においても「公然と」でなければ行うことができた。

(6) より詳しいキリル文字化の過程については、栗林[二〇〇七]を参照。

(7) しかし、公用文字化自体は、さまざまな現実的困難に直面し、結局頓挫してしまっている。

(8) その背景には、中ソ関係の悪化という外交的問題もあった。

(9) 当時においては、まだソビエトの影響力は強く、改革そのものがソビエトに倣って進められたものであり、自ずと限界づけられたものであった。特に、ゴルバチョフによる「一党制の枠内での民主化プロセス」という方針が、改革の幅をきつく制限するものとなっていた[鯉渕 二〇〇〇:三七三]。

(10) 実際には、二月二一日夜一〇時を期して行われ、二三日まで及んだらしい、ということが田中克彦により記されている[田中 一九九二:九〇]。一九九〇年二月二三日のウネン紙には、「昨日倒された」とある。

(11) ウランバートルにおける二人の立像の行方は象徴的である。民主化の初期に倒されたスターリン像に対して、レーニンの像は、市内中心部にあるウランバートル・ホテル前広場に二〇一二年まで建ち続けていた。スターリンとレーニンは、社会主義に対するモンゴルの人々のアンビバレントな感情を体現していたと言える。しかし、レーニン像も、祖父が粛清された記憶をもつ元民主党党首バトウールがウランバートル市長に就任した二〇一二年の一〇月一四日に撤去された[滝澤 二〇一四:二九]。

(12) 現職の大統領Ts・エルベグドルジは、二〇一二年より大統領のガンダン寺参詣をやめ、ガンダン寺管長が大統領を訪問するようになった。なお、歴代の大統領とは、P・オチルバト(二期)、N・バガバンディ(二期)、N・エンフバヤル(一期)、エルベグドルジ(二期目現職)である(モンゴルの大統領は一期四年)。バガバンディとエンフバヤル、そして一期目のオチルバトが人民革命党、二期目のオチルバトが民主連合、エルベグドルジが民主党からの出馬である。二期目のオチルバトは党内の候補者選挙で敗れたため、民主連合に鞍替えして出馬、当選している。

(13) 翻訳は筆者がモンゴル語原文から直接行ったが、訳語の表現については大村[一九九五]も参考にした。

(14) 例えば、一九九三年八月一二日のウネン紙上には、「外国に跪くのがわれわれの病」と題された記事が投稿される。そこで、「キリストという宗教の名前は聞いたことぐらいしかないモンゴル人であるが、最近、その宗教は、『民主化の功徳』によって、あちらこちらで若者のあいだに浸透し始めた。つまり、彼らは科学情報センターやモンゴル子ども学習センターを次々と開館させた。現在は、穏和な雰囲気を醸し出し、若者に宗教を浸透させているが、恐れ知らずを長持ちにしのび込ませて取り込んだ国が、今後、その従順な頭のなかにどんな見識や思考を含ませられるのか知るよしもない」と、キリスト教の広まりに対する警戒心が明かされている。

(15) 法律の合憲性を審査する特別裁判所。一九九二年のモンゴル国憲法によって設置された。

(16) また、民主党議員に関しては、人民革命党与党の国家大会議で成立した他の多くの法律に対しても憲法裁判所への告訴を行っているが、宗教の問題に関しては民主党とアメリカとのつながりを指摘する人もいる。

(17) 宗教法に関する憲法裁判所における申請、釈明の内容、討論の概要、結論については、MUÜKhTs[2000:72–79]を参照。

(18) しかし一方で、実際の宗教政策自体は、多くの外国宗教に対しても比較的寛容であったことは、キリスト教の多くの宣教師たちも認めている。つまり、宗教法にも「宣言的」と表現されたように、その民族主義的特徴は観念的であると言ってよい。

(19) この定義は、Tsedendamba[1998:44]の定義をほぼそのまま踏襲したものである。

(20) シンポジウムの各発表と討論については、Gantuyaa[2004]を参照。

(21) そこには、多くの場合、役割を担い切れていない仏教の現状に対する批判が加わる。

(22) モンゴルでは「民族主義」という語は、社会主義時代に民族と宗教の弾圧を正当化する際に、排除の対象として捉えられていたために、逆に民主化以降には否定的なニュアンスで用いることがきわめて難しくなっている。社会主義時代、*natsionalizm* というロシア語の外来語には、*ündserkhekh üzel* という国粋主義（chauvinism）に近い否定的なニュアンスの訳語があてられることが多かったが、民主化以降は、*ündesnii üzel* というより中立的な語が用いられるようになり、実際その語は肯定的な意味で用いられることが多い。

(23) 前節で言及した、一九九八年のシンポジウム「国家と寺院の関係について――現代」でのチョローンバートルの発言。

(24) 二〇〇二年七月三一日、ウランバートル市のサイン・ウイルス教会におけるインタビュー調査より。

(25) 島村一平は、以下のように指摘する。「皮肉にもチンギスを脱資源化させようとするソ連の思惑に対する反作用として資源としてのチンギスは生まれ、知識人たちによる粘り強い交渉の結果、徐々に資源化され、その結果、一般庶民まで伝播していったのである。極言するならば、モンゴル人の庶民は、社会主義時代にソ連のチンギス批判を通じて、チンギス・ハーンが、あのロシアや中国を征服したという歴史を知ることとなったのである」［島村 二〇〇八：一四］。

(26) あるいは *Khristosyn shashin, Khristos shashin* などと呼ばれることもある。

(27) この言葉づかいは、ヨハネによる福音書一四章六節「わたしは道であり、真理であり、命である」という一節に由来する。

(28) 二〇一四年八月三一日の日曜集会参与観察調査より。

(29) 「真実」(truth)と「諸理論」(theories)の対比は、アメリカにおける一九二〇年代の進化論論争のなかで、W・J・ブライアンによって主張され始めた［森 一九九六：一九九］。

(30) アメリカのアッセンブリーズ・オブ・ゴッド教団が開いた教会。現在、モンゴル・アッセンブリーズ・オブ・ゴッド教団の教会として活動している。

(31) 二〇〇六年八月二六日、ナイドヴァル教会におけるインタビュー調査より。

(32) もともと、この表現はK・バルトなどの理論を神学的根拠としている[Fowler 1998:1-2]。
(33) 二〇〇六年八月一三日、ウランバートル市の話者宅におけるインタビュー調査より。
(34) 宗教法の施行により、一九九四年に八つの教会が登録を行った。そこには、ナイドヴァルやサイン・ウイルス、ムンヒーン・ゲレルなど主要な教会が含まれていた。二〇〇一年末までに約五〇の教会が宗教法にもとづく登録を行っている(二〇〇二年、モンゴル内務法務省の内部資料より)。
(35) それに対して、「宗教的」(*shashinlag*)という言葉には多少、否定的なニュアンスがある。
(36) 「新しい人間」(*shine hün*)の形成は、モンゴルにおいても共産主義の確立にとって中心的な課題と考えられていた。例えば、G・E・グレゼルマンの『新しい人間の形成』(*Shine khün bii bolokh ni*)では、「新しい人間を形成する問題は、新しい社会の建設という困難な目標と関連しており、その成果が、共産主義の確立の一般的な指標と考えて良い」[Glyezyerman 1987:23]と述べられている。社会主義的文脈では、新しい社会関係の形成が強調されており、個人と神の直接的関係を重視する福音派とは異なるが、信徒たちがしばしば強調するのは、「改宗によって自身が変化し、それによって自身をとりまく関係が劇的に変化した」ということであり、社会関係も重視される。このような特徴は、社会主義的言説とも重なり合う。
(37) 二〇〇六年八月二六日、ウランバートル市のハイリーン・ベレグ社におけるインタビュー調査より。
(38) 二〇〇六年九月三日、ウランバートル市バヤンズルフ・バプテスト教会におけるインタビュー調査より。
(39) 二〇〇六年八月二六日、ナイドヴァル教会におけるインタビュー調査より。
(40) この語は、マルコ・ポーロの『東方見聞録』のなかにも登場する。「キリスト教徒はイエス・キリストを自分たちの神だといい、回教徒はマホメットを、ユダヤ人はモーゼを、偶像教徒はサガモニ・ボルカン(訳註:釈迦牟尼仏)をあげ、それぞれに祀られた最初の人をあげる。朕は、どの方も天にあっては最も力あり、かつ最も真実なる方々であるので、この四人にひとしく敬愛を捧げ、救いを賜るよう祈るのである」[ポーロ 一九六〇:九六―九七]。

(41) 聖書翻訳をめぐるこの対立は、教会間の軋轢とも結びついていた。すなわち、モンゴル宣教の初期からギベンスを中心とするキリスト教会と、それに対立するムンヒーン・ゲレル教会が二大勢力となっており、「モンゴルのキリスト教は、この二大教会の対立の歴史である」と述べる人もいる。

(42) MBTCの翻訳には語学的な困難がともなった。というのも、ヘブライ語とギリシア語、モンゴル語のすべてに堪能な外国人、あるいはモンゴル人はいなかったからである。MBTCが翻訳に際して主に用いた聖書は、日本語、英語、これまでのモンゴル語(内モンゴル版を含む)、そして英語版「インターリニア」(ギリシア語版の単語ごとに英語を振ったもの)であった。BSMは、ギリシア語からの翻訳であることを謳っているが、島村牧師によるとギベンスはギリシア語を知らなかったという(二〇〇二年七月三一日、ウランバートル市のサイン・ウイルス教会におけるインタビュー調査より)。

(43) これは、ウィットネス・リーの教会によるものであると言われている。

(44) 日本アッセンブリーズ・オブ・ゴッド教団の宣教師、北村彰秀による。

(45) 文体に関しては、長山博之の指摘にもあるように、MBTC版とバヤリーン・メデー版が逐語訳的であるのに対して、BSM版と現代モンゴル聖書翻訳連盟版は説明的な意訳となっている[長山二〇〇一]。また、BBC版は逐語訳的な翻訳である。

(46) 例えば、バハイ教徒が「かならず読むべき短い祈り」では、「我が神(*Burkhan*)よ。あなたはご自身を知らしめ、信仰させるために私を創造された。小さく貧しい私に対して、あなたは何より万能にしてもっとも豊かである。あなたより他に神(*Burkhan*)はない。あなたはすべての苦しみの救済者、永遠の存在者である」[MBÜOSCh 2000:8]と呼びかけられる。また、神に呼びかけるときには、「主なる天」(*Ezen tenger*)や「神なる天」(*Burkhan tenger*)という言葉も用いられる。

(47) ギベンスはD・ダグワドルジの『モンゴル宗教道徳事典』も引用するが、そこにも、「*Burkhan* 仏陀が転訛したもの」とある[Dagvadorj 2000:22]。

(48) 火の神様(*galyn burkhan*)や北斗七星(*doloon burkhan*)という言葉づかいは存在する。

(49) シュミット訳では、*Deed*(至上)と訳されている。

(50) 例えば、一九七〇年代から行われてきた宗教意識調査で、信仰に関して人々をカテゴライズする際に「無神論者」に対して用いられたのは「シャシングイ・ウゼルテン」という語である。

(51) 二〇〇二年七月三一日、ウランバートル市のサイン・ウイルス教会におけるインタビュー調査より。

(52) 二〇〇二年一〇月五日、ウランバートル市の「キリスト教徒の友好」教会におけるインタビュー調査より。

(53) このブライスの主張には、「神」の翻訳論争にも通底する重要な問題が埋め込まれている。それは、宗教は文化媒介的(culturally mediated)であるが、キリスト教の信仰は文化非媒介的(culturally unmediated)であるはずだというブライスの認識が、外国人宣教師ときわめて近い目線にあるということである。この目線は、宣教師側の用語が自分自身の文化に媒介されているという自覚を欠いている。その背後には、まさにエンフ＝アムガランが指摘しているような、宣教師側の文化的優越意識が潜んでいる。例えば、彼らが用いるキリスト教用語の一つ一つも、もしそれが「宗教的」ではないとしても、もともと含まれていた「宗教的」内容をそぎ落としていくなかで、「非宗教的」なものになってきたはずである。

(54) 各教会の自律性を重視する教団的特徴とも関連するが、福音派は外国人の手を離れてモンゴル人だけで運営しようとする傾向が比較的強い。それはモンゴル福音同盟や聖典聖書協会のようなモンゴル人だけの超教派組織の設立に表れている。一方、カトリックやモルモン教、バハイ教などは、その教団本部との強い関係で結ばれており、活動の傾向としても民族主義的特徴は薄い。

(55) 第三章註19を参照。

(56)「シュテーン」(*Shüteen*)は、「シュテフ」(*shütekh*, 崇拝する)という動詞の派生語であり、宗教一般で崇拝の対象となるものを指す言葉である。BBC版では、「ボルハン」が仏教起源の言葉で不適であること、「ユルトゥンツィーン・エゼン＝世界の主」が「神」の一つの側面を表す呼称でしかないことから、この語が選ばれた。MBTC版とMBS版双方の折衷的な特徴を備えている。また、キリスト教の「神」と異教の「神」を大文字(*Shüteen*)と小文字(*shüteen*)で区別する点は、MBTC版と共通している。しかし、いまのところBBC版は、他教会と距離を置き、モンゴル福音同盟にも加盟しないバヤンズルフ新約バプテスト教会と、その三つの関連教会でのみ用いられているため、使用する信徒の範囲は限られている。

(57) 二〇一四年八月三一日、ウランバートル市のバヤンズルフ新約バプテスト教会におけるインタビュー調査より。

第三章

(1) 二〇〇四年から二〇〇五年にかけて、鈴木とツェデンダンバによって共同でウランバートル市を中心に三五〇人に対して行われたアンケート調査[鈴木 二〇〇七]。ここでは筆者が個票データをもとに独自に算出し直した。

(2) 筆者が行ったインタビュー調査においては、ウランバートル市では回答のあったもののうち九〇・三パーセントが献茶を、六二・二パーセントが献灯を行い、西部の中心都市ホヴド市においては九一・七パーセントが献茶を、八四・六パーセントが献灯を行っている(表3-2・3-3)。

(3) この民俗方位における「北」は、自然方位の北に対して大きく西にずれているのが一般的である。

(4) 公私の対比が空間にそのまま対応するわけではないが、モンゴルでは、家族という集団と家(特にゲル)という空間によってゆるやかに規定される家庭は、私的領域の維持装置としてきわめて重要な役割を担ってきた[滝澤 二〇〇五]。

(5) 二〇〇四年一月二一日、ウランバートル市の話者宅におけるインタビュー調査より。本書で用いるインタビュー調査の事例は、二〇〇四年一月から三月に行ったウランバートル市、西部ホヴド県ホヴド市、西部オヴス県ザヴハン郡における約六〇の家庭に対する調査をもとにしている。

(6) モンゴル国では、一九四〇年から一九八〇年のあいだに人口が七三万から一六四万へと二倍以上に増加した。

(7) 二〇〇四年一月二三日、ウランバートル市の話者宅におけるインタビュー調査より。

(8) 二〇〇四年二月一九日、ホヴド市の話者宅におけるインタビュー調査より。

(9) 二〇〇四年二月六日、ウランバートル市の話者宅におけるインタビュー調査より。

(10) 二〇〇四年二月九日、ウランバートル市の話者宅におけるインタビュー調査より。

(11) 二〇〇四年二月九日、ウランバートル市の話者宅におけるインタビュー調査より。

(12) なかには「祀られる故人はつまり仏である」と述べる人もあるが、遺影が対象となることによって仏よりも故人を祀っているという感覚が強くなることは確かである。

(13) 二〇〇四年一月二三日、ウランバートル市の話者宅におけるインタビュー調査より。

(14) 二〇〇四年一月二一日、ウランバートル市の話者宅におけるインタビュー調査より。

(15) 筆者のインタビュー調査によると、世帯主の生年が一九六〇年代以降になると、仏像の所持率はきわめて低くなる(表3-2・3-3)。

(16) 鈴木とツェデンダンバによる調査のデータをもとに筆者が算出した。

(17) 本アンケート調査は、ウランバートル市において二〇〇二年六月から一〇月にかけて、六つの教会と連合聖書学校の一クラスで行った。アンケートを実施する教会については、地域、教会の規模、教会員の特徴、宗教法人登録の有無などにおいて、できるだけ偏りが出ないように選び出し、教会指導者との協議の結果、アンケート用紙配布数、配布方法などを検討して行った。アンケートは自計式で実施し、三九六名に配付、三〇一名から回答を得た。詳細については滝澤[二〇〇二]を参照。

(18) 二〇一四年九月四日、ウランバートル市のキリスト教系NGOにおけるインタビュー調査より。
(19) 本アンケート調査は、ウランバートルにおいて二〇〇四年一一月から二〇〇六年三月にかけて三度にわたって行われたものである。第一回は、七か所の教会を中心に礼拝の参加者に対して自計式にて実施したものである(二〇〇四年一一月に配付、二〇〇五年四月に回収、回答数は一八一)。第二回は、夏期のセミナーに参加した教会指導者(主に「長老」)を対象(二〇〇五年八月に配付、同月に回収、回答数は二七)、第三回は、連合聖書学校の学生を対象(二〇〇六年一月に配付、二〇〇六年三月に回収、回答数五五)とし、すべて自計式で行われた。
(20) 二〇〇二年七月三一日、ウランバートル市のサイン・ウイルス教会におけるインタビュー調査より。
(21) 二〇〇四年一月二五日、ウランバートル市の話者宅におけるインタビュー調査より。
(22) 二〇〇四年一月三〇日、ウランバートル市の話者宅におけるインタビュー調査より。
(23) 二〇〇四年二月八日、ウランバートル市の話者宅におけるインタビュー調査より。
(24) 二〇〇四年一月三〇日、ウランバートル市の話者宅におけるインタビュー調査より。
(25) 二〇〇四年二月二日、ウランバートル市の話者宅におけるインタビュー調査より。
(26) 二〇一四年八月二八日から三〇日にかけての、トゥヴ県バヤンツァガーン郡の話者宅におけるインタビュー調査より。
(27) エチオピアの福音派の事例についても、在来の神的存在とキリスト教の神に同じ呼び名が用いられるときのずれが、「空」に対するイメージによって橋渡しされていることが報告されている[増田二〇一四:三五二]。
(28) 特に、都市部においてモンゴル人女性の社会的地位は高く、医療や教育の分野などで女性の占める割合が男性よりもはるかに高い。男性の割合が優越する代表的な分野は、地方部では遊牧を中心とする農牧業、都市部では建築などの肉体労働である。特に、雪害による家畜の喪失などで都市に出てきた世帯では、小売業などで女性がいち早く仕事にありつくのに対し、教育水準でもコミュニケーション能力でも女性に劣る男性はなかなか仕事に就くことができない。実際、地方からウランバートルへの移住者が多く居住する「ゲル地区」と呼ばれる一帯で行った調査では、女性が外で働いて男性が子どもの面倒をみるという世帯に多く出会った。

(29) 例えば、第一章で触れた吉田によるキルギスタンの事例や[吉田 一九九九、二〇〇〇]、藤本によるカザフスタンの事例など[藤本 二〇一一]。

第四章

(1) 仏教が民族的アイデンティティと密接に結びついている一方で、実践的レベルではきわめて個人主義的であることは、ブライスも指摘している[Blythe 2000:216–217]。

(2) 二〇一四年一〇月九日、ウランバートル市バヤンズルフ区のカトリック教会本部におけるインタビュー調査より。

(3) 二〇〇三年六月八日、横浜市本郷台教会における木島正敏牧師に対するインタビュー調査より。

(4) 二〇〇七年一〇月五日、ウランバートル市のヌフルルル教会におけるインタビュー調査より。

(5) 二〇一四年九月四日、ＪＣＳにおけるインタビュー調査より。

(6) このような宗教間の連帯は、バハイ教主催で行われる世界宗教デーなどのイベントを通じて維持されている。世界宗教デーは一九九九年以来、毎年一月の第三日曜日に行われる。毎年異なるテーマによるシンポジウムと各教団による礼拝、懇親会が準備され、宗教間連盟に所属する各団体と大統領府の宗教諮問委員会などから参加者が集う。

(7) 二〇一四年九月三日、ＪＣＳにおけるインタビュー調査より。

(8) 二〇一四年九月四日、ＪＣＳにおけるインタビュー調査より。

(9) ＪＣＳのウェブサイトより(http://www.jcsintl.org/where-work/stories/(英語)および http://old.

jcsintl.org/index.php?option=com_content&view=article&id=40&Itemid=17&lang=mn（モンゴル語））。

いずれも最終閲覧日二〇一四年一〇月二二日。

(10) これは、二〇一四年八月二三日にウランバートル市にてドゥゲルマー牧師に対して行ったインタビュー調査による。

(11) 二〇〇二年一〇月二七日、名古屋神召キリスト教会におけるインタビュー調査より。

(12) 外国の教会によってもち込まれたシステムであるが、モンゴルにおいては社会主義時代の党の組織単位である「党細胞」(*namyn üür*)を連想させる。

(13) 第三章註19を参照。

(14) 第三章註19を参照。

(15) 二〇〇六年三月三一日、アリオン・ザム教会の細胞集会における参与観察調査より。

(16) 第三章註19を参照。

(17) 二〇〇二年七月二三日、バヤリーン・メデー教会におけるインタビュー調査より。ちなみに、キリスト教式の葬式は、葬儀の際の方角や時刻などに関する僧侶による占い、読経などを排し、家から墓地までの葬送と賛美歌と牧師の説教だけによって行われる。

(18) 南米の事例をもとにマーティンが分析しているように、自己変容の概念を中心に統合されるコミュニケーションの体系のなかで証しと改宗の語りがもつ重要性は、福音派の特徴とも言える[Martin 1990:163]。

(19) *Ünenii Gerel*, 2, 2006, p.43 より。

(20) 当然ながら福音派以外のキリスト教系新宗教、カトリックなどが含まれている可能性もある。

(21) 合法的に登録された在韓労働者数についてみると、二〇〇六年が四七〇三人であるのに対して、二〇一〇年には一八四七人となっている。

(22) 二〇一三年三月一二日、デンバー市のコロラド・モンゴル教会におけるインタビュー調査より。

(23) 二〇一四年九月四日、ウランバートル市におけるインタビュー調査より。
(24) 二〇一三年三月一六日、バージニア州フェアファックス郡のオール・ネーションズ教会(The Church for All Nations)におけるインタビュー調査より。
(25) 二〇一三年三月一四日、バージニア州フェアファックス郡のオール・ネーションズ教会におけるインタビュー調査より。
(26) 例えば、デンバーでモンゴル人向けの小学校ができた背景には、言語や文化の維持だけではなく、他の学校における差別の問題などがあることを打ち明ける人もいる(二〇一三年三月一三日、デンバー市におけるインタビュー調査より)。
(27) 二〇一三年三月一三日、デンバー市の話者宅におけるインタビュー調査より。

終章

(1) 二〇〇五年八月二五日、ウランバートル市におけるインタビュー調査より。
(2) モンゴルの「伝統」のなかにキリスト教的な信仰を見出し、聖書を正しいモンゴル語の言葉に翻訳しようとする姿勢は、すべての民族や文化、個人のなかに宗教的本質が備えられているとする「自然的宗教」の考え方を思い起こさせる。これは、ブライスが分析したような普遍主義的な福音派信仰を文化媒介的な「宗教」へ引き戻そうとする動き[Blythe 2000:181]というよりは、むしろ、あらゆる民族に備えつけられた信仰の源泉を探ろうとする普遍主義的態度として捉えられる。あらゆる個人が信仰の萌芽を備え、神と直接的に関わることができるとすれば、モンゴルの民族文化や言葉のなかにもそのような特質が備えつけられているはずと見なされるのである。そのような確信は、宣教への動機づけとモンゴル人としての民族的アイデンティティの双方にポジティブに作用していくことになる。

参考文献

モンゴル語（モンゴル語アルファベット順）

Bagabandi, N.

[1998] "Tör, süm khiidiin khariltsaa: Orchin uye" sedevt onol-praktikiin baga khural deer Mongol Ulsyn yörönkhiilögch N. Bagabandiin khelsen üg. In Shinjlekh Ukhaany Akadyemi Filosofi, Sotsiologi, Erkhiin Khüreelen (Ed.), *Tör, süm khiidiin khariltsaa: Orchin uye* (pp. 6–10). Ulaanbaatar: Byembi-san.

Bügd Nairamdakh Mongol Ard Ulsyn Shinjlekh Ukhany Khürelen (BMShUKh)

[1942] *Oros-Mongol toli*. Ulan-batar: Shinjlekh Ukhany Khürelengiin Khevlel.

Vandangombo, R.

[1985] Shashny üldegdeliin ilrel, orshin bui shaltgaan. In Shinjlekh Ukhaany Akadyemi Filosofi, Sotsiologi, Erkhiin Khüreelen (Ed.), *Khödölmörchdiin shashingui khümüüjliin önöögiin asuudal* (pp. 47–78). Ulaanbaatar: Shinjlekh Ukhaany Akadyemiin Khevlekh Üildver.

Vandui, E.

[1965] *Oros-Mongol ner tomiyony toli*. Ulaanbaatar: Ulsyn Khevleliin Erkhlekh Khoroo.

Vandui, E. & Dashdorj, J.

[1970] *Oros-Mongol ner tomiyony toli II*. Ulaanbaatar: Ulsyn Khevleliin Erkhlekh Khoroo.

Gantuyaa, M. (Ed.)

[2004] *Shashin shütekh, es shütekh erkh, erkh chölöö*. Ulaanbaatar: Mongol Ulsyn Ikh Surguuliin Khevlekh Üildver.

Glyezyerman, G. Ye.

[1987] *Shine khün bii bolokh ni: Sotsializmyn üyeiin shine khünii tölövshiltiin asuudluud*. Translated by T. Davaa, Ulaanbaatar: Ulsyn Khevleliin Gazar. (G. E. Glezerman, 1982, *Roždenie novogo čeloveka problemy formirovaniâ ličnosti pri socializme*. Moskva: Politizdat.)

Dagvadorj, D.

[2000] *Mongolyn shashin surtakhuuny tailbar toli*. Ulaanbaatar: Shinjilekh Ukhaany Akadyemi Filosofi Sotsiologiin Khüreelen.

Dashtseveg, B.

[1976] *MAKhN-aas sharyn shashin, tüünii üldegdliin esreg yavuulsan temtseliin zarim asuudal*. Ulaanbaatar: Ulsyn Khevleliin Gazar.

Dügermaa, B. V.

[2001] Ezenii neriin tukhaid. *Elch, 11*, 3.

[2004] Shinjlekh ukhaan, shashin, Khristitgel. *Maranata, 3*, 7–9.

[2006] Gerel ba davs. *Ünenii Gerel, 2*, 22–26.

[2009] *Ulamjlalt khiigeed Khristech Mongol khurim*. Ulaanbaatar: Ild Prodakshn.

Jambal, A.

[2001a] Tör süm khiidiin khariltsaa. In D. Dagvadorj (Ed.), *Shashin sudlal* (pp. 146–185). Ulaanbaatar: Shinjlekh Ukhaany Akadyemi Shashin Sudlalyn Töv & Ulsyn Bagshiin Ikh Surguuli, Niigmiin Ukhaany Tenkhim.

[2001b] Shashny orchin üyeiin asuudal. In D. Dagvadorj (Ed.), *Shashin sudlal* (pp. 186–203). Ulaanbaatar: Shinjlekh Ukhaany Akadyemi Shashin Sudlalyn Töv & Ulsyn Bagshiin Ikh Surguuli, Niigmiin Ukhaany Tenkhim.

Mongol Ulsyn Ündsen Khuuliin Tsets (MUÜKhTs)

[2000] *Mongol Ulsyn Ündsen Khuuliin Tsetsiin shiidveriin emkhtgel 1*. Ulaanbaatar: Admon.

Mongol Ulsyn Ündesnii Statistikiin Khoroo (MUÜSKh)

[2011] *Khün am, oron suutsny 2010 ony ulsyn toollogo*. Ulaanbaatar: Ulsyn Ündsnii Statistikiin Khoroo.

[2014] *Mongol Ulsyn statistikiin emkhetgel 2013*. Ulaanbaatar: Ulsyn Ündsnii Statistikiin Khoroo.

Mongolyn Bakhaichuudyn Ündesnii Oyun Sanaany Chuulga (MBÜOSCh)

[2000] *Bakhain mörgöliin tüüver*. Ulaanbaatar: Mongolyn Bakhaichuudyn Ündesnii Oyun Sanaany Chuulga.

Mongolyn Evangyeliin Evsel (MEE)

[2000] *Mongol süm tsuglaanuudyn sudalgaany negdsen emkhetgel*. Ulaanbaatar: Mongolyn Evangyeliin Evsel.

Namyn Töv Khoroony Yörönkhii Kheltes (NTKhYKh)

[1974] *MAKhN-yn Töv Khoroony togtoolyn emkhetgel 10*. Ulaanbaatar.

Sarantuyaa, O.

[2004] Shütekh, es shütekh erkhiin talaarkhi önöögiin Mongolchuudyn oilgolt, tölöv, khandlaga. In M. Gantuyaa (Ed.), *Shashin shütekh, es shütekh erkh, erkh chölöö* (pp. 155–164). Ulaanbaatar: Mongol Ulsyn Ikh Surguuliin Khevlekh Üildver.

Tsedendamba, S.

[1998] Ulamjlal ba ulamjlal bus shashny khariltsaany asuudal. In Shinjlekh Ukhaany Akadyemi Filosofi Sotsiolog, Erkhiin Khüreelen (Ed.), *Tör, süm khiidiin khariltsaa: Orchin üye* (pp. 44–52). Ulaanbaatar: Byembi-san.

[2003] *Mongol Uls dakhi shashny nökhtsöl baidal: XX–XXI zuuny zaag üye*. Ulaanbaatar: Mongol Ulsyn Ikh Surguuliin Buddyn Soyol Sudlalyn Töv & London dakhi Tövdiin Fond.

Chimeg, O.

[1988] Süseg bishreliin tövshin, shinj chanar, *Filosofi Erkhiin Sudlal, 9*, 49–55.

Chuluunbaatar, G.

[1998] Mongol irgenshil ba shashin shutleg: Ulamjlal, shinechlel. In Shinjlekh Ukhaany Akadyemi Filosofi Sotsiolog, Erkhiin Khüreelen (Ed.), *Tör, süm khiidiin khariltsaa: Orchin üye* (pp. 36–43). Ulaanbaatar: Byembi-san.

欧文

Andorka, R.

[1995] Recent changes in social structure, human relations and values in Hungary. *Social Compass, 42(1),* 9–16.

Appadurai, A.

[1996] *Modernity at large: Cultural dimensions of globalization.* Minneapolis: University of Minnesota Press.（二〇〇四『さまよえる近代――グローバル化の文化研究』(門田健一訳)、平凡社。）

Barkmann, U.

[1997] The revival of Lamaism in Mongolia. *Central Asian Survey, 16(1),* 69–79.

Bennigsen, A.

[1989] Islam in retrospect. *Central Asian Survey, 8(1),* 89–109.（一九九七「イスラム回顧」(阿部久美子訳)、木村喜博編『二〇世紀における中央アジアのイスラム』、東北大学学際科学研究センター、六一―八九頁。）

Blythe, J.

[2000] *Evangelical Christianity in post-socialist Mongolia: An ethnography of an encounter.* Unpublished doctoral dissertation, University of Cambridge, Cambridge, UK.

Borowik, I.

[1994] Religion in postcommunist countries: A comparative study of religiousness in Byelorussia, Ukraine, Lithuania, Russia, and Poland. In W.H. Swatos Jr. (Ed.), *Politics and religion in Central and Eastern Europe* (pp. 37–46). Westport, CT & London: Praeger.

[2002] Between Orthodox and electicism: On the religious transformation of Russia, Belarus and Ukraine. *Social Compass, 49(4)*, 497–508.

Casanova, J.

[1994] *Public religions in the modern world.* Chicago and London: The University of Chicago Press.

Delaplace, G.

[2008] *L'invention des morts. Sépultures, fantômes et photographies en Mongolie contemporainem.* Paris : Études Mongoles & Sibériennes, Centrasiatiques & Tibétaines.

Dunstan, J.

[1992] Soviet upbringing under perestroika: From a atheism to religious education? In J. Dunstan (Ed.), *Soviet education under perestroika* (pp. 81–105). London & New York: Routledge.

Fowler, J. A.

[1998] *Christianity is not religion.* Retrieved Dec 1, 2014, from http://www.christinyou.net/pdfs/Christiantynotrel.pdf

Froese, P.

[2001] Hungary for religion: A supply-side interpretation of the Hungarian religious revival. *Journal for the Scientific Study of Religion, 40(2)*, 251–268.

[2004] Forced secularization in Soviet Russia: Why an atheistic monopoly failed. *Journal for the Scientific Study of Religion, 43(1)*, 35–50.

Gautier, M. L.

[1997] Church attendance and religious belief in postcommunist societies. *Journal for the Scientific Study of Religion, 36(2)*, 289–296.

Gilmour, J.

[1907] *Among the Mongols* (3rd ed.). London: The Religious Tract Society. (1st ed. 1883)（一九三九『蒙古人の友となりて』（後藤富男訳）、生活社。）

Greeley, A.

[1994] A religious revival in Russia? *Journal for the Scientific Study of Religion, 33(3)*, 253–272.

Hann, C. et al.

[2002] Introduction: Postsocialism as a topic of anthropological investigation. In C. Hann (Ed.), *Postsocialism: Ideals, ideologies and practices in Eurasia* (pp. 1–28). London & New York: Routledge.

Juergensmeyer, M. K.

[1993] *The new Cold War?: Religious nationalism confronts the secular state.* Berkeley University of California Press.（一九九五『ナショナリズムの世俗性と宗教性』(阿部美哉訳)、玉川大学出版部。）

Kääriäinen, K.

[1999] Religiousness in Russia after the collapse of communism. *Social Compass, 46(1)*, 35–46.

Kandiyoti, D.

[2006] Foreword. *Central Asian Survey, 25(3)*, 217–218.

Kang, K. C.

[2005] L.A.'s Christian Mongolians find home at church: A small group gathers in Koreatown on Sundays to share their faith and support each other in a new land. *Los Angeles Times, Nov 26.* Retrieved Dec 1, 2014, from http://articles.latimes.com/2005/nov/26/local/me-belief26

Kemp, H.

[2000] *Steppe by step: Mongolia's Christians from ancient roots to vibrant young church.* London: Monarch Books.

Kollmar-Paulenz, K.

[2003] Buddhism in Mongolia after 1990. *Journal of Global Buddhism, 4.* Retrieved Dec 1, 2014, from http://www.globalbuddhism.org

Kwon V. H., Ebaugh, H. R., & Hagan, J.

[2001] The structure and functions of cell group ministry in a Korean Christian church. *Journal for the Scientific Study of Religion, 36(2)*, 247–256.

Laufer, B.

[1916] Burkhan. *Journal of the American Oriental Society, 36*, 390–395.

Leatherwood, R.

[1998] Mongolia: As a people movement to Christ emerges, What lessons can we learn? *Mission Frontiers, 1998 (7·8)*. Retrieved Dec 1, 2014, from http://www.missionfrontiers.org/issue/article/mongolia

[2006] *Glory in Mongolia*. Pasadena: William Carey Library.

Lewis, D. C.

[1991] Dreams and paranormal experiences among contemporary Mongolians. *Journal of the Anglo-Mongolian Society, 13(1・2)*, 48–55.

[2000] *After atheism: Religion and ethnicity in Russia and Central Asia*. Richmond, Surrey: Curzon Press.

Luckmann, T.

[1967] *The invisible religion*. New York: MacMillan.

Malia, M.

[1994] *The Soviet tragedy: A history of socialism in Russia, 1917–1991*. New York: The Free Press. （一九

九七『ソヴィエトの悲劇——ロシアにおける社会主義の歴史一九一七〜一九九一』上・下(白須英子訳)、草思社。)

Martin, D.

[1990] *Tongues of fire: The explosion of Protestantism in Latin America*. Oxford: Blackwell.

Narantuya, D.

[2008] *Religion in 20th century Mongolia: Social changes and popular practices*. Saarbrücken: VDM Verlag Dr. Müller.

National Statistical Office of Mongolia (NSOM)

[2009] *Mongolian statistical yearbook 2008*. Ulaanbaatar: National Statistical Office of Mongolia.

Need, A. & Evans, G.

[2001] Analysing patterns of religious participation in post-communist Eastern Europe. *British Journal of Sociology, 52(2)*, 229–248.

Pelkmans, M.

[2006] Introduction: Post-Soviet space and the unexpected turns of religious life. In M. Pelkmans (Ed.), *Conversion after Socialism* (pp. 1–16). New York & Oxford: Berghahn Books.

Pillar International (Pillar)

[2004] *Pillar: Christian churches information Mongolian*. Ulaanbaatar: Pillar.

Pollack, D.

[2003] Religiousness inside and outside the church in selected post-communist countries of Central and Eastern Europe. *Social Compass, 50(3)*, 321–334.

Rasanayagam, J.

[2006] Introduction. *Central Asian Survey, 25(3)*, 219–233.

Rywkin, M.

[1987] Islam and new Soviet man: 70 years of evolution. *Central Asian Survey, 6(4)*, 23–32.（一九九七「イスラムと新ソビエト人——七〇年の展開」(笹嶋建訳)、木村喜博編『二〇世紀における中央アジアのイスラム』、東北大学学際科学研究センター、二九—四一頁。）

Shibayama, Y.

[1991] Burkhan and Kami: A comparative study of the idea of Deity in Mongolia and Japan.『モンゴル研究』一四、二一—一六頁。

Stark, R. & Iannaccone, L. R.

[1994] A supply-side reinterpretation of the 'secularization' of Europe. *Journal for the Scientific Study of Religion, 33(3)*, 230–252.

Tomka, M.
[1994] The sociology of religion in Eastern and Central Europe: Problems of teaching and researching after the breakdown of communism. *Social Compass, 41(3)*, 379–392.
[1995] The changing social role of religion in Eastern and Central Europe: Religion's revival and its contradictions. *Social Compass, 42(1)*, 17–26.

World Economic Forum (WEF)
[2013] *The global gender gap report 2013*. Retrieved Dec 1, 2014, from World Economic Forum Web site: http://www3.weforum.org/ docs/WEF_GenderGap_Report_2013.pdf

Zrinščak, S.
[2004] Generations and atheism: Patterns of response to communist rule among different generations and countries. *Social Compass, 51(2)*, 221–234.

日本語

青木保憲
[二〇一二] 『アメリカ福音派の歴史』、明石書店。

宇田進
[一九八七] 「宣教に関するローザンヌ世界伝道会議の基本姿勢」、宇田進編『ポスト・ローザンヌ』(共立モノグラフ2)、東京キリスト教学園共立基督教研究所、一八―二八頁。

内田敦之
［一九九七］「希望と不安のはざまで」、小長谷有紀編『アジア読本　モンゴル』、河出書房新社、一三八―一四四頁。

大村泰樹
［一九九五］「一九九二年、モンゴル国憲法（仮訳）」、『中央学院大学総合科学研究所研究年報』四、五五―一一七頁。

尾形守
［一九八七］「福音派のコンテクスチュアリゼーション」、宇田進編『ポスト・ローザンヌ』（共立モノグラフ2）、東京キリスト教学園共立基督教研究所、三一―六八頁。

オチルバト、P．
［二〇〇一］『モンゴル国初代大統領オチルバト回想録』（内田敦之他訳）、明石書店。（P. Ochirbat, 1996, *Tengeriin tsag.* Ulaanbaatar: Nomin Impex.）

オドントヤ、T．
［二〇一四］『社会主義社会の経験――モンゴル人女性たちの語りから』、東北大学出版会。

菊田悠
［二〇〇八］「二つの原理と七つの核――ソビエト時代を経たウズベキスタン・イスラームの構図と実態」、高倉浩樹他編『ポスト社会主義人類学の射程』、国立民族学博物館。

栗林均
［二〇〇七］「モンゴル人民共和国における文字政策の転換点――ラテン文字からキリル文字へ」、岡洋樹編『モンゴルの環境と変容する社会』（東北大学東北アジア研究センター・モンゴル研究成果報告Ⅱ）、東北大学東北アジア研究センター、一九九―二二七頁。

鯉渕信一
［一九九〇］「モンゴル：歩みだした民主化への道」、『海外事情』三八（四）、六五―八一頁。
［一九九一］「モンゴル政治におけるソ連の地位――その展開と将来の展望」、『アジア研究所紀要』一八、一六七―一八九頁。
［一九九五］「モンゴル文字の復権運動」、『東と西：東西思想文化試論』一三、一〇八―一二三頁。
［二〇〇〇］「モンゴルにおける新国家建設の試み――一九八九年～一九九九年」、『亜細亜大学国際関係紀要』九（一・二）、三六九―三八四頁。

小長谷有紀
［二〇一〇］「序」、小長谷有紀他編『中国における社会主義的近代化――宗教・消費・エスニシティ』、勉誠出版、i―xiii頁。
［二〇一一］「序――経験された社会主義の比較」、小長谷有紀他編『社会主義的近代化の経験――幸せの実現と疎外』、明石書店、三―一五頁。

佐原徹哉
［二〇〇〇］「東方正教の現在――ポスト・コミュニズム期の正教会と政治」、中牧弘允他編『現代世界と宗教』、国際書院、一三一―一四七頁。
［二〇〇四］「ポスト『ポスト社会主義』への視座」、『史資料ハブ地域文化研究』三、一八―二二頁。

塩川伸明
［一九九九］『現存した社会主義――リヴァイアサンの素顔』、岩波書店。
島村一平
［二〇〇八］「文化資源として利用されるチンギス・ハーン――モンゴル、日本、中国、ロシアの比較から」、『人間文化』二四、三―三四頁。
［二〇一一］『増殖するシャーマン――モンゴル・ブリヤートのシャーマニズムとエスニシティ』、春風社。
新免光比呂
［一九九九］「社会主義国家ルーマニアにおける民族と宗教――民族表象の操作と民衆」、『国立民族学博物館研究報告』二四（一）、一―四二頁。
鈴木岩弓
［二〇〇七］「現代モンゴルにおける宗教意識」、岡洋樹編『モンゴルの環境と変容する社会』（東北大学東北アジア研究センター・モンゴル研究成果報告Ⅱ）、東北大学東北アジア研究センター、一四九―一六九頁。
高倉浩樹
［二〇〇八］「序　ポスト社会主義人類学の射程と役割」、高倉浩樹・佐々木史郎編『ポスト社会主義人類学の射程』、国立民族学博物館、一―二八頁。

高瀬秀一
［一九九二］『ジンギス・カンの国へ』、丸善。
滝澤克彦
［二〇〇二］「現代モンゴルにおけるキリスト教の受容をめぐって――民主化以降の宗教再解釈のなかで」、『論集』二九、四五―六四頁。
［二〇〇五］「モンゴルにおける家庭内祭祀の動態――社会主義体制下の宗教統制を経て」、『宗教と社会』一一、六三―八四頁。
［二〇〇六］「現代モンゴルにおける福音派キリスト教会における共同性と祈り」、『東北宗教学』二、一―二四頁。
［二〇一四］「粛清の記憶と表象――レーニン先生、さようなら」、小長谷有紀・前川愛編『現代モンゴルを知るための五〇章』（エリアスタディーズ一三三）、明石書店、二九―三四頁。
田中克彦
［一九九一］『言語からみた民族と国家』、岩波書店。
［一九九二］『モンゴル――民族と自由』、岩波書店。
［二〇〇〇］『「スターリン言語学」精読』、岩波書店。
棚瀬慈郎
［二〇〇〇］「越えるもの、結びつけるもの――モンゴル国における仏教リバイバリズムについて」、『人間文化』八、一三―二八頁。

ツェデンダンバ、S.
［二〇〇七］「ポスト社会主義期におけるモンゴル国の社会環境変化と宗教的需要」、岡洋樹編『モンゴルの環境と変容する社会』(東北大学東北アジア研究センター・モンゴル研究成果報告Ⅱ)、東北大学東北アジア研究センター、一四一―一四七頁。

ド・セルトー、M.
［一九八七］『日常的実践のポイエティーク』(山田登世子訳)、国文社。(Michel de Certeau, 1980, *L'invention du quotidien, tom 1 : Arts de faire.* Paris : Union générale d'éditions.)

長谷千代子
［二〇〇七］『文化の政治と生活の詩学——中国雲南省徳宏タイ族の日常的実践』、風響社。

長山博之
［二〇〇二］「現代モンゴル語訳聖書の継起的進化について」、『日本モンゴル学会紀要』三二、一二九―一五〇頁。

長谷川(間瀬)恵美
［二〇一三］「モンゴル国キリスト教の現状について―報告―」、桜美林大学国際センター編『日本とモンゴル―過去・現在・未来―』、桜美林大学国際センター、八一―一〇二頁。

廣岡正久
［一九八八］『ソヴィエト政治と宗教』、未來社。

福田誠治
［一九九八］「社会主義教育論　五――ソビエト、ロシアにみる国家と宗教と精神の教育」、『都留文科大学研究紀要』四九、四七―六八頁。
藤本透子
［二〇一一］『よみがえる死者儀礼――現代カザフのイスラーム復興』、風響社。
藤原潤子
［二〇一〇］『呪われたナターシャ――現代ロシアにおける呪術の民族誌』、人文書院。
二木博史
［一九九七］「パンモンゴリズムの現在」、小長谷有紀編『アジア読本　モンゴル』、河出書房新社、一一八―一二四頁。
ベニグセン、A.
［一九九七］「ソビエト連邦におけるイスラムの概要」（田中順子訳）、木村喜博編『二〇世紀における中央アジアのイスラム』、東北大学学際科学研究センター、一一―二八頁。（A. Bennigsen, 1985, *Islam in Soviet Union: General Presentation.* Ankara: Middle East Technical University.）
堀内一史
［二〇〇六］「アメリカにおける宗教右派の政治化――過去と現在」、『麗澤学際ジャーナル』一四

(二)、四九―六五頁。

ポーロ、マルコ
［一九六〇］『全訳　マルコ・ポーロ東方見聞録』（青木一夫訳）、校倉書店。

前川愛
［二〇一四］「ナショナリズムの変遷――被害者意識の表出」、小長谷有紀・前川愛編『現代モンゴルを知るための五〇章』（エリアスタディーズ一三三）、明石書店、一七三―一七七頁。

増田研
［二〇一四］「対立・干渉・無関心――バンナにおける福音主義の布教と共存の振幅をめぐって」、『せめぎあう宗教と国家――エチオピア　神々の相克と共生』、風響社。

マルクス、K.
［一九七四］「ユダヤ人問題によせて」、『ユダヤ人問題によせて　ヘーゲル法哲学批判序説』（城塚登訳）、岩波書店、七―六七頁。（K. Marx, 1844, Zur Judenfrage. *Deutsch-Französische Jahrbücher* 1, pp. 182–214.）

ミシェル、P.
［一九九〇］「ソビエト型システムにおける宗教の正当化と国家統制――ポーランド、チェコスロバキア、ハンガリーのカトリシズムを例として」（大梶俊夫訳）、『東洋学術研究』二九(二)、一五四―一六六頁。（P. Michel, 1990, Légitimation et régulation étatique

de la religion dans les systèmes de type soviétique : L'exemple du catholicisme en Pologne, Tchécoslovaquie et Hongrie, *Social Compass*, *37(1)*, 117–125.）

森孝一
［一九九六］『宗教からよむ「アメリカ」』、講談社。

柳父章
［二〇〇一］『「ゴッド」は神か上帝か』、岩波書店。（初版、一九八六『ゴッドと上帝――歴史のなかの翻訳者』、筑摩書房。）

吉田世津子
［一九九九］「経済移行期の親族ネットワーク分析――北クルグズスタン・一ソフホーズの解散過程から」、『民族学研究』六四（二）、一四九―一七二頁。
［二〇〇〇］「『サヤック』たちの集団化――旧ソ連邦中央アジア・クルグズ一村落における父系出自親族の動態」、『社会人類学年報』二六、一六九―一八五頁。

渡邊日日
［一九九九］「ソヴィエト民族文化の形成とその効果――「民族」学的知識から知識の人類学へ」、望月哲男・宇山智彦編『旧ソ連・東欧諸国の二〇世紀を考える』、北海道大学スラブ研究センター、一―三二頁。
［二〇〇二］「移行期社会の解釈から諸概念の再構成へ――ユーラシア社会人類学研究の観察」、『ロシア史研究』七〇、四一―六一頁。

あとがき

なぜ「モンゴル」で「キリスト教」なのか。本書を手にした読者は、まずそう思われたかもしれない。まさにその疑問こそ、私自身の研究の端緒となっている。なぜモンゴルに「キリスト教」が広まりつつあるのか。その問いを追い求めているうちに、この「キリスト教」の流行という現象には、モンゴルの過去と現在が刻み込まれているのではないか、と感じるようになった。この研究は、その直観を検証する道のりであったと言ってよいだろう。

私が初めてモンゴル国を訪れたのは、二〇〇〇年八月のことである。わずか二週間ほどの滞在であったにもかかわらず、そのとき私の記憶に刻み込まれたモンゴルの印象はきわめて鮮烈だった。夏の日本を離れ、ウランバートルの空港に降り立つと、まず乾いた空気の感触が肌を刺激し、独特の匂いが鼻につく。空港は首都の郊外にあるが、そこはもう首都をとりまきモンゴル全体へと広がる草原の一部であり、その草原を通り抜けた風が来訪者を出迎えてくれるのである。しかし、街へ入ると、独特の風貌で建ち並ぶマンション、街路でビリヤードを遊ぶ若者たち、木材を載せて通り過ぎる馬車、橋の袂で草を食む牛、土煙の丘の上に密集するゲルの住宅、そのような景観の組み合わせが、どの時代にいるのか分からないような錯覚を引き起こさせる。この不思議な感覚は、私にとってはまったく馴染みのなかったものであるばかりでなく、「草原」や「遊牧」、「ラマ教」や「シャマニズム」といったモンゴルの一般的なイメージでは捉えられないものでもあった。

モンゴルに通い始めるうちに、私は、ウランバートルに意外と教会やキリスト教徒が多いことに気づき始めた。これは驚くべきことであった。社会主義時代には、仏教などのかつての信仰が密かに維持されることはあっても、外国の宗教が入ってくる余地はなかったはずだからである。モンゴルに関するどの本にも、現在のキリスト教についての記述はほとんどなかった。私は教会に通い、モンゴルのキリスト教を調べ始めた。彼らの多くは福音派と呼ばれる原理主義的な教派であり、一九九〇年の民主化以降に宣教を始めてわずか一〇年あまりのあいだに三桁に達する教会を設立していた。教会には少ないところでも三〇人ほど、多いところでは七〇〇人を超える人々が集い、熱心に祈りを捧げていた。この新しい外国の宗教は、なぜそこまで人々を引きつけているのか。

巷には、キリスト教に関する定型化された語りがあふれていた。それは、「教会が行う援助活動が信者を引きつけているのであり、彼らの信仰は本当の宗教ではない。それは実利的なものであり、その流行は、社会主義体制崩壊後の社会的・精神的な混乱に乗じた一時的なものにすぎない」というものであった。このような見解は、一般人やメディアのみならず、モンゴル国内外の研究者のあいだにも広がっていた。確かに、体制移行にともなう経済格差の拡大や、社会主義の挫折による精神的枠組みの喪失は、キリスト教流行の大きな要因のようにも思われる。しかし、教会における人々の姿は、そのような社会的・経済的枠組みだけで捉えられるようには思えなかった。なぜなら、多くの信徒にとって「信仰」の問題は、明らかにもっとも重い意味をもっていたからである。

では、彼らの信仰はいったいどのように捉えられるのだろうか。民族主義的な批判者たちが行ってきたように、「キリスト教」あるいは「福音派」を他者化された実体として描き出していこうとするならば、彼らと私のあいだには乗り越えがたい認識論的壁が築かれてしまうだけであろう。本書では、彼らをとりまく錯綜した位相を解きほぐしながら、その社会関係や制度、習慣、言語、空間などに埋め込まれたコンテクストを掘り起こしていくという方法をとってきた。それによって明らかになったのは、彼らの信仰が、単純に社会主義の後で現れた「新しい」「外国の」宗教として捉えられるようなものではなく、それ自体に、モンゴルの過去と現在が錯綜し合う複雑な状況が映し出されているということであった。

思い返せば、この「過去と現在が錯綜し合う」感じは、まさに私が初めてモンゴルを訪れたときに感じた不思議な錯覚と重なり合うものだった。本書の研究で行ってきたことは、モンゴルとの出会いで感じた私自身の衝撃や違和感に言葉を与えることによって、それらを乗り越えていく試みであったとも言えるだろう。そのように考えれば、実は私自身も彼らをとりまく位相の一端に立っていたのである。

改めて、彼らの世界に入り込んできた私の営みとは何なのだろうか。それは、彼らと私のあいだに境界線を引くものであってはならないはずである。本書が紡ぎ出す新たな言説が、さまざまな境界をすり抜けながら、彼らとつながる一つの道筋となっていることを信じたい。

＊

本書は、東北大学東北アジア研究センターの助成によって、「東北アジア研究専書」の一冊として刊行されたものである。また、本書の基礎をなすのは、二〇〇八年に東北大学へ提出された博士論文と他数本の論文である。以下にその初出を記載する。ただし、すべてにおいて大幅に加筆・修正が施されている。

・はじめに　書き下ろし
・第一章第一節　「モンゴルの民主化とキリスト教」、国際宗教研究所編『現代宗教二〇〇九』、秋山書店、二〇〇九年、三二二―三三八頁。
・第一章第二節・第三節　書き下ろし
・第二章第一節　「移行期モンゴルにおける宗教言説とヘゲモニー」、『東北アジア研究』一三、二〇〇九年、八三―一一〇頁。
・第二章第二節・第三節　「第四章　福音派受容の概念的条件」、『モンゴルにおける「宗教」のポスト社会主義――キリスト教福音派の台頭をめぐって』(博士論文)、東北大学、二〇〇八年。
・第三章　「社会主義と宗教の記憶――モンゴルにおける家庭内祭祀の持続と変容を中心に」、高倉浩樹・佐々木史郎編『ポスト社会主義人類学の射程』、国立民族学博物館、二〇〇八年、四二九―四五〇頁。
・第四章第一節　書き下ろし
・第四章第二節　「現代モンゴルの福音派キリスト教会における共同性と祈り」、『東北宗教学』二、二〇〇六年、一―二四頁。
・第四章第三節　書き下ろし

・終章　書き下ろし

本書が完成に至るまでには、実に多くの方々のご支援があった。特に、福音派の諸教会で私を快く受け入れ、調査に応じていただいた多くの信徒の方々の理解と協力なくしては、本研究そのものが成り立たなかったであろう。なかでもドゥゲルマー牧師には、調査にご協力いただいたばかりでなく、常に私を勇気づけ、研究の成功を祈っていただいた。これらの方々に、またその出会いに対して、まずは深く感謝申し上げたい。

東北大学の大学院生時代には、多くの先生や先輩方にご指導いただいた。文学研究科の恩師である華園聰麿先生、鈴木岩弓先生、木村敏明先生、山田仁史先生には、そのご指導を通じて宗教学者としての礎を築いていただくとともに、決して順風満帆とはいえなかった私の研究生活を叱咤激励し、導いていただいた。また、東北アジア研究センターの岡洋樹先生には、私がモンゴルで研究を始める機会を与えてくださったばかりでなく、私の拙いモンゴル研究を常にあたたかく見守っていただき、博士論文審査の労もとっていただいた。そして、文学研究科の桜井宗信先生にも、博士論文の審査に加わっていただき、仏教史研究特有の観点からきわめて貴重なご意見をいただいた。これらの先生方のご指導なくしても本書の完成は不可能であった。記して深甚なる謝意を表したい。

東北大学東北アジア研究センターの高倉浩樹先生には、さまざまな議論を通じていつも貴重な示唆や霊感を与えられた。また、仙台での研究生活の終盤には東日本大震災を経験することになったが、そのときにもこの大きな出来事と向き合うきっかけを与えていただき、そこでも私を支えていただいた。そして、本書の出版を後押ししてくださったのも高倉先生である。この場を借りて、心からお礼申し上げたい。

仙台で過ごした一五年のあいだには、他にも数え切れない方々のお世話になった。そのすべてのお名前をあげることはできないが、特に政岡伸洋先生、新免貢先生、何燕生先生、徳田幸雄先生、D・アンドリューズ先生には、ここに記してそのご指導とご支援に深く感謝申し上げたい。

モンゴルでの調査研究においても、多くの方々にご指導とご協力をいただいた。特に二〇〇〇年に初めてモンゴルを訪れた際のディサン先生との出会いは、のちに本格的にモンゴル研究を始める大きなきっかけとなった。まもなく先生が亡くなられ、私の研究成果の一端でもお届けすることができなかったことは痛恨の極みである。しかし、その後も先生のご家族が私の心細いモンゴル生活を折りにふれて支えてくださったことは、研究もその根底は人と人との縁によって支えられているのだということを改めて実感させられた。他にもオチル先生、ジャンバル先生、ツェレンハンド先生、ツェデンダンバ先生には、モンゴルについて何も知らない私に、その言語・歴史・文化・社会・宗教・民族について一から丁寧に教えていただいた。研究仲間のムンフザヤには、私の研究につきあい、いつも忌憚ない意見や批判をいただいた。友人のバトバヤルには多くの調査を補助してもらったが、何よりも調査の合間に聞いた彼の思い出話や四方山話は、モンゴル理解の裾野を拡げるうえで、とても重要だった。モンゴルでお世話になったこれらすべての方々にも感謝の言葉を贈りたい。

本書の研究は、その他にも多くの先生方や友人との出会いに支えられている。R・アマヨン先生、島村一平先生、前川愛さん、G・ドラプラスさん、藤原潤子さん、その他多くの方々との交流は本書の随所に大きな影響を与えている。改めて感謝したい。

また本書の研究は、さまざまな団体からいただいた研究助成にも支えられている。東北大学大学院文学研究科、三島海雲記念財団、東北開発記念財団、大畠記念財団、日本学術振興会のご支援に感謝申し上げる。

本書の出版を引き受けていただいた新泉社編集部の安喜健人氏には、完成まで根気強く導いていただいた。深くお礼申し上げたい。

最後となったが、研究に理解を示し、さまざまな面から私を支えてくれた親愛なる家族に本書を捧げたい。

二〇一五年一月　長崎にて

滝澤克彦

著者紹介

滝澤克彦（たきざわ・かつひこ）

1975年生まれ.
2008年，東北大学大学院文学研究科博士課程修了.
博士（文学），2008年.
現在，長崎大学多文化社会学部准教授．宗教学，モンゴル研究.

主要業績
『ノマド化する宗教，浮遊する共同性――現代東北アジアにおける「救い」の位相』（東北大学東北アジア研究センター，2011年，編著），
『無形民俗文化財が被災するということ――東日本大震災と宮城県沿岸部地域社会の民俗誌』（新泉社，2014年，共編）など.

東北アジア研究専書
越境する宗教　モンゴルの福音派
――ポスト社会主義モンゴルにおける宗教復興と福音派キリスト教の台頭

2015年 3 月20日　初版第 1 刷発行
2015年12月14日　初版第 2 刷発行

著　者＝滝澤克彦
発行所＝株式会社 新 泉 社
東京都文京区本郷 2－5－12
振替・00170-4-160936番　TEL 03(3815)1662　FAX 03(3815)1422
印刷・製本　萩原印刷

ISBN978-4-7877-1501-2　C1039